Simona Fabellini & Gary Thomas

Interkulturelle Dialoge

Impressum:
© assist Publishing 2019, Paderborn,
assist Publishing ist ein Unternehmensbereich der assist GmbH
1. Auflage 2019

Verlag: assist Publishing
Herausgeber: Simona Fabellini & Gary Thomas
Redaktion: Julie Cooper, Sina Oligmüller & Gabriele Greff
Coverdesign & Buchsatz: BookDesigns, www.bookdesigns.de
Titelgrafik: © Mustafa Aydogan – Shutterstock.com
Druck: Tredition GmbH, Hamburg

Bibliografische Information der Deutschen Nationalbibliothek:
Die Deutsche Nationalbibliothek verzeichnet diese Publikation in der Deutschen Nationalbibliografie; detaillierte bibliografische Daten sind im Internet über http://dnb.d-nb.de abrufbar.

ISBN 978-3-9816924-6-4 (Paperback)
ISBN 978-3-9816924-7-1 (Hardcover)
ISBN 978-3-9816924-8-8 (e-Book)

Simona Fabellini & Gary Thomas

Interkulturelle Dialoge

Was Experten zur Entwicklung interkultureller Handlungskompetenz sagen

Inhalt

Experteninterviews zu Interkultureller Handlungskompetenz

Vorwort

Unser Dank an die Interviewpartner!

Dieses Buch ist das Ergebnis einer Interviewreihe mit führenden Experten aus unterschiedlichen Bereichen der interkulturellen Personalentwicklung. Als die Interviewreihe bereits im Jahr 2016 begann, wurde diese durch die vielen Belange und Fragen inspiriert, die unsere international und interkulturell tätigen Kunden und Klienten in der Corporate Business World beschrieben.

Durch unsere langjährige Tätigkeit in der internationalen Personalentwicklung haben wir viele Trainer, Berater und Coaches kennengerlernt, die seitdem zu unserem Trainerteam, unserem Expertenpool oder zum Netzwerk unserer Kooperationspartner gehören.

So bot sich uns die einmalige Gelegenheit, diese wunderbaren Kolleginnen und Kollegen zu ihren Wissens- und Erfahrungsschätzen zu befragen.

An dieser Stelle möchte ich mich herzlichst bei allen Kolleginnen, Kollegen und Netzwerkpartnern bedanken, die sich als so kompetente Interviewpartner zur Verfügung gestellt haben und die solch spannende Einblicke in die interkulturelle Handlungskompetenz ermöglicht haben. Ich bedanke mich herzlichst bei Dr. Simona Fabellini, die die meisten Interviews geführt hat sowie bei Lisa Kreuz für die technische Umsetzung der Online-Interviews. Julie Cooper, Sina Oligmüller & Gaby Greff, vielen Dank auch ihnen für ihre redaktionelle Unterstützung.

Aus Gründen der besseren Lesbarkeit verwenden wir in den Interviews bei Personenbezeichnungen die männliche Form. Diese soll explizit als geschlechtsunabhängig verstanden werden.

Liebe Leserin, lieber Leser,

ich wünsche Ihnen mit diesem Buch viel Freude und viele kostbaren, neuen Erkenntnisse. Wenn Sie mehr erfahren möchten, bringen wir Sie gerne mit den jeweiligen Interviewpartnern in Kontakt. Uns ist bewusst, dass die kurzen Interviews nur einen Einblick in die Länderkultur geben können. Somit besteht Gefahr zur Stereotypisierung. Wir sind uns sicher, dass die Hinweise in diesem Buch dennoch eine wertvolle Orientierung für Sie darstellen. Bei Interesse an einem Coaching, einem Training oder einer Beratung zu diesen Themen, stehen wir Ihnen gerne zur Verfügung.

Gary Thomas
assist International Human Resources

assist International HR
Tel. +49 5251 875432
Mail: Contact@international-hr.de
www.international-hr.de

Experteninterviews zu spezifischen Ländern

Singapur: Zwischen High-Tech und High-Touch

Interview mit Jan-Christoph Daniel

Jan-Christoph Daniel kommt ursprünglich aus der Filmbranche, hat Medienproduktion in England studiert und ist als Produzent und Berater international tätig. Ein geographischer Schwerpunkt seiner beruflichen Erfahrung liegt in Hong Kong und Singapur, wo er auch über sieben Jahre gelebt hat. Hier stellt sich die Verbindung zum interkulturellen Bereich her, in dem er heute unter anderem als interkultureller Trainer mit Fokus auf Singapur tätig ist.

Simona Fabellini: Was bietet Singapur als wirtschaftliches Kooperationsland deutschen Unternehmen?

Jan-Christoph Daniel: Singapur ist ein *hub* [Anm.: Drehkreuz] bzw. ein *gateway* [Anm. Schnittstelle] für den südostasiatischen Markt. Die Bezeichnung *hub* wird in Singapur auch sehr gerne für den südostasiatischen Markt verwendet.

Singapur verfügt dank seiner Geographie über eine strategisch günstige Lage. Darüber hinaus hat das Land eine hervorragende Infrastruktur mit dem mehrfach als bester Flughafen der Welt ausgezeichneten Flughafen. Des Weiteren gibt es noch den Hafen, dem eine zentrale Bedeutung zukommt und bei dem es sich um den zweitgrößten Hafen der Welt handelt. Deutsche Firmen haben einen einfachen Zugriff auf verfügbare, hochqualifizierte Arbeitskräfte dank der sehr guten Universitäten in Singapur und dem hohen Stellenwert von Bildung. Die Regierung ist effizient und korruptionsfrei aufgrund der Antikorruptionsgesetze. Das Rechtssystem ist sehr stabil und funktioniert. Man hat folglich beste Voraussetzungen, um in Singapur agieren zu können.

Für Expats, die dort arbeiten, ist es wichtig zu wissen, dass es eine gute medizinische Versorgung gibt und dass Englisch die Amtssprache ist – bzw. Singlish, ein spezielles Englisch, das etwas gewöhnungsbedürftig ist.

Simona Fabellini: Welche kulturellen Herausforderungen können sich deutschen Managern bei der Zusammenarbeit stellen?

Jan-Christoph Daniel: Singapur ist durchaus multikulturell. Man kann von einem asiatischen Mikrokosmos sprechen. Manche nennen es „Asia Light", jedoch sollte man das „light" nicht unterschätzen. Stattdessen sollte einem Manager bewusst sein, dass zwei Drittel der Menschen, die dort leben und arbeiten, nicht dort geboren sind. Allerdings kommen sie nicht nur aus dem Umland. Es gibt auch viele Europäer, und je nach Quellen arbeiten zwischen 9.000

und 10.000 deutsche Fachkräfte im Land, teilweise, aber nicht gänzlich als *Expats*. Dementsprechend sollte man Flexibilität mitbringen, um mit all diesen Kulturen auf engstem Raum umgehen zu können. Singapur ist ein kleiner „Red Dot" und lässt sich rein von der Fläche her mit größeren deutschen Städten wie Köln oder Hamburg vergleichen. Von Bedeutung ist die Tatsache, dass knapp achtzig Prozent der Bevölkerung chinesische Wurzeln hat. Daher gelten bis zu einem gewissen Maß auch Umgangsformen, die für den chinesischen Markt gültig sind, zum Beispiel taoistische und konfuzianistische Werte und Normen. Die Familie hat einen hohen Stellenwert, es wird sehr viel Wert auf Formalität und Respekt gelegt sowie auf die Achtung hierarchischer Strukturen. So wird in Singapur Autorität im geschäftlichen Alltag nur bedingt herausgefordert und in Frage gestellt. Jemanden öffentlich zu kritisieren ist schwierig. Man muss sich daran gewöhnen, sich diplomatisch zu verhalten und nicht unbedingt ein hartes deutsches „Nein" in Geschäftsmeetings zu äußern, sondern diplomatischer und subtiler vorzugehen. Auch gute Manieren an den Tag zu legen, ist wichtig.

Simona Fabellini: Hast du ein Beispiel dafür, wie man mit diesen kulturellen Herausforderungen umgehen kann?

Jan-Christoph Daniel: Besonders zeigt sich das an der Art der Kommunikation in Meetings. Da ist zum einen die bereits erwähnte Bedeutung von Respektzeigen und damit einhergehend die Tendenz zu mehr Zurückhaltung als man es von Deutschland gewohnt ist. Zum anderen auch eine gewisse Bescheidenheit, aber auch hier gibt es eine Ausnahme von der Regel. Die Singapurer sind durchaus stolz auf ihr Land, weil sie seit der Unabhängigkeit viel erreicht haben. Dies wird natürlich gezeigt, aber eine gewisse Zurückhaltung und Bescheidenheit – gerade als Gast – sind, denke ich, angemessen.

Man sollte sich auch ein bisschen mit dem beschäftigen, was über die Branche, in der man tätig ist, hinausgeht. So gibt es, obwohl Singapur so klein ist, eine kleine, lokale Filmproduktion, hervorragende lokale Autoren, eine lebendige Theaterszene. Es lohnt sich, einzutauchen und sich mit Kunst und Kultur zu beschäftigen. Das alles hilft, die Singapurer und damit die Geschäftspartner besser zu verstehen. Empfehlenswert ist des Weiteren das Buch *Life is not complete without shopping* von Chua Beng Huat, ein Soziologieprofessor der National University of Singapore (NUS), das sich mit der Singapurer Psyche beschäftigt. Denn Singapur gilt für die Touristen häufig als Shoppingparadies, was auch stimmt. Aber es lohnt sich, genauer hinter die Fassade zu blicken, was die Ursachen gewisser Verhaltensweisen sind und was dies für das Selbstverständnis bedeutet. Gerade wenn man länger dort lebt, ist es klar, dass man das Land und die Menschen verstehen möchte.

Simona Fabellini: Welche drei Tipps würdest Du den Lesern mitgeben?

Jan-Christoph Daniel: Auf der Unternehmensseite sollte man sich im Vorfeld überlegen, wie man personalstrategisch vorgehen möchte. Es gibt bereits, je nach Quellen, zwischen 1.200 und 1.400 deutsche Unternehmen, die in Singapur ansässig sind, vom *Global Player* bis zu kleineren Unternehmen. Das heißt, dass die Infrastruktur bereits existiert. Zum Beispiel mit einem *German Center* und einer recht großen deutschen Community. Personalstrategie meint hier allerdings, inwieweit man mit deutschen *Expats* agiert, also mit Fach- und Führungskräften, die entsandt werden, was eine Variante ist. Oder ob man sich auf dem lokalen Arbeitsmarkt umschaut. Wie bereits eingangs erwähnt, sind die Fachkräfte sehr gut ausgebildet, denn, da das Land über keine natürlichen Ressourcen verfügt, ist *Manpower* dessen eigentliche Ressource. Daher muss man sich überlegen, wann es sich lohnt, sich lokal umzuschauen und wann man deutsche Manager oder Fachkräfte dorthin schickt. Es wird oft nicht in Betracht gezogen, vor Ort Angestellte anzuwerben.

Als zweiter Punkt sollten Branchencluster, die in Singapur existieren, genauer betrachtet werden. Je nachdem in welcher Branche man tätig ist, sind diese in Singapur sehr zentralisiert, also geclustert in bestimmte geographische Lagen. Beispielsweise ist „One North" in Queenstown als Forschungszentrum für Biotechnologie bekannt geworden. Dort sind diverse Unternehmen rund um Pharmazie und Biotechnologie ansässig. Es macht natürlich Sinn, die dortige Infrastruktur zu nutzen. Auch die Mietpreise sind nicht zu unterschätzen und unterscheiden sich örtlich. Singapur hat nämlich inzwischen Tokio und Hong Kong hinter sich gelassen und ist die teuerste Stadt der Welt geworden. Das muss auch im Hinblick auf die Kosten für den Standort berücksichtigt werden.

Globaler gedacht, über Singapur hinaus, spielt natürlich auch Singapur als Zugang zum ASEAN-Raum für viele Firmen eine wichtige Rolle. ASEAN ist der Verband Südostasiatischer Nationen mit Malaysia und Indonesien, Laos, Thailand, Vietnam, Myanmar und ähnelt von seinen Strukturen her ein bisschen der EU. Dennoch gibt es Besonderheiten. Daher muss man als Unternehmen verstehen, wie ASEAN funktioniert, was wichtig zu wissen ist, und wer die Akteure sind.

Nahost: Geschäftsbeziehungen mit arabischen Ländern – Besonderheiten und Fallstricke

Interview mit Tina Hochheuser

Tina Hochheuser ist Diplom-Kulturwirtin und auch als interkulturelle Trainerin zertifiziert. Ihr Länderschwerpunkt ist der arabische Kulturraum, den sie auch persönlich gut kennt, denn neben anderen internationalen Aufträgen hat sie als Beraterin für eine Firma im Libanon und als Lehrbeauftragte an der Helwan Universität Kairo gearbeitet. Darüber hinaus ist sie als interkulturelle Trainerin für Nonprofit-Organisationen in Nahost unterwegs.

Simona Fabellini: Warum kann es für deutsche Unternehmen interessant sein, mit Firmen in arabischen Ländern ins Geschäft zu kommen?

Tina Hochheuser: Das ist in vielerlei Hinsicht interessant. Zunächst sollte definiert werden, was diese arabischen Länder eigentlich sind. Wenn man vom Finanz-, Bildungs- und Wirtschaftssektor ausgeht, nämlich den Sektoren, in denen interkulturelle Trainer hauptsächlich tätig sind, spricht man von der sogenannten MENA-Region, die mit dem Mittleren Osten und Nordafrika sechzehn Kernländer abdeckt. Sie erstreckt sich von Marokko bis Oman, wobei manchmal auch Mauretanien, Somalia, Iran und Irak hinzugezählt werden. In der ganzen Gegend leben rund 380 Millionen Menschen, und schon allein deswegen ist die MENA-Region ein riesiges geographisches Gebiet mit steigenden Absatz-, Export- und Produktionsmöglichkeiten sowie mit Firmen, die sich für Privatisierungen und ausländische Investoren öffnen. Die Kostenstrukturen in diesen Ländern sind sehr niedrig, möglicherweise vergleichbar mit Asien vor zehn Jahren, und es gibt starke Kapitalpartner in diesen Ländern. Das macht es für alle europäischen Länder interessanter, dort zu investieren.

Insbesondere Deutschland hat jedoch zwei entscheidende Vorteile. Zum einen das Gütesiegel „Made in Germany", das für Zuverlässigkeit, Knowhow und Qualität steht, was dort ein Garant für Erfolg ist. Außerdem hat Deutschland keine koloniale Vergangenheit in diesen Ländern wie beispielsweise Frankreich oder England.

Simona Fabellini: Inwieweit spielt der Islam beim Aufbau von Geschäftsbeziehungen eine Rolle?

Tina Hochheuser: Die arabischen Länder sind zu 95 % vom Islam geprägt, aber weltweit sprechen wir von 1,6 Milliarden Muslimen, für die alle der Islam eine wichtige Rolle, nicht nur im privaten Bereich, sondern auch bei Geschäftsbeziehungen, spielen kann. Der Islam ist eine Gesellschaftsordnung, die sämtliche Aspekte des täglichen Lebens beeinflusst und reguliert, sei es Heirat, Scheidung, Hygiene, den Essensbereich oder auch den Kapitalmarkt mit dem Abschluss von Verträgen. Dementsprechend sind auch die Geschäftsbeziehungen und Marketingaspekte davon betroffen. Um ein Beispiel zu nennen: Eine Werbekampagne, in der die Schuhsohlen einer Person gezeigt werden, ist in islamischen Ländern ein Affront. Die „arabische Kunst" zu verhandeln, ist ein weiterer Aspekt, der beim Aufbau von Geschäftsbeziehungen große Relevanz hat. Wir Deutschen sind individualistisch geprägt, das „Ich" steht im Vordergrund, wir nennen die Dinge beim Namen und dementsprechend arbeiten wir auch synchron, was bedeutet, dass wir alles abarbeiten. Kollektivistisch geprägte Länder wie die arabischen sind sehr wir-bezogen, die Harmonie steht im Vordergrund und dementsprechend ist auch der Sprech-und Verhandlungsstil. Das heißt als Gesprächspartner ist es hilfreich, nonverbale „arabische" Kommunikation zu verstehen, viel zwischen den Zeilen lesen zu können und sich auf ein polychrones Zeitverständnis einzulassen.

Der Islam hat Einfluss auf alle Aspekte des täglichen Lebens. Es ist daher wichtig, der Rolle, die der Islam auch auf geschäftlicher Ebene spielt, entsprechende Beachtung zu schenken.

Simona Fabellini: Gibt es konkrete Beispiele, zum Beispiel beim Vertragsabschluss, die im Gegensatz zu Deutschland stehen?

Tina Hochheuser: Beispielsweise kann es in streng islamischen Ländern von Vorteil sein, eine Bank zu haben, die es versteht, islamkonform zu arbeiten. Das bedeutet, mit dem Wertekanon des Islam im Einklang zu stehen. So sollten islamkonforme Banken beispielsweise keine Spekulationsgeschäfte tätigen. Ferner darf nicht in die Alkohol-, Schweinefleisch-, Tabak- und Rüstungsindustrie investiert werden. Zinsgeschäfte sind verboten, denn Geld wird nicht verliehen, sondern in reale Güter investiert. All das kann eine Rolle spielen, wenn man diese Geschäftsbeziehungen eingehen möchte.

Auch bei Marketingstrategien müssen Werte, Traditionen und die Einstellungen des Islam berücksichtigt werden. Andernfalls kann eine Marketingstrategie schnell scheitern.

Simona Fabellini: Wie kann man sich auf so etwas vorbereiten?

Tina Hochheuser: Es ist hilfreich, an Trainings und Coachings zu Beginn eines Projekts teilzunehmen. Idealerweise wird man einen Coach finden, der einen bei Bedarf auch vor Ort begleitet.

Wie ticken die Amerikaner? Zusammenarbeit mit den USA

Interview mit Christiena Kirchhoff

Christiena Kirchhoff ist in Kalifornien und Colorado, USA aufgewachsen, hat jedoch deutsche Eltern. Somit ist sie kulturell in Deutschland sowie den USA groß geworden und bereits seit ihrer Kindheit mit kulturellen Unterschieden vertraut. Der Umgang mit verschiedenen Kulturen ist auch durch das Studium in Deutschland und Amerika vertieft worden.

Außerdem hat ihre zweijährige Berufserfahrung in Japan dazu beigetragen, dass sie zusehends mit interkulturellen Thematiken in Kontakt kam.

Nach dem Studium stand sie als Produktmanagerin mit anderen Kulturen in internationalen Geschäftsbeziehungen. Seit 2007 ist sie als interkulturelle Business-Trainerin und Dozentin für Business English selbstständig.

Simona Fabellini: Warum kann es für deutsche Unternehmen interessant sein, mit amerikanischen Kunden in Geschäftsbeziehungen zu treten?

Christiena Kirchhoff: Amerika ist einfach ein sehr großes, vielfältiges Land mit wahnsinnig vielen Möglichkeiten. Es gibt traumhafte Nationalparks, Top-Universitäten, Menschen aus aller Welt, Erfolgs-Stories in einer dynamischen Start-up-Szene, ein sehr attraktiver Markt, um nur ein paar Beispiele zu nennen.

Des Weiteren ist an den *American Dream* zu denken, der besagt, dass jeder etwas aus sich machen kann. Statistisch sieht das zwar etwas anders aus, aber das *Mindset* ist hier das Entscheidende. Damit ist dieses positive, enthusiastische Zukunftsdenken gemeint, und die Einstellung, doch etwas aus sich machen zu können, wenn man hart genug dafür arbeitet.

Viele Aspekte der amerikanischen Kultur schwappen auch auf andere Länder über, und um diese besser verstehen zu können, ist es besser, einmal in dem Land gewesen zu sein.

Amerika ist auch das drittgrößte Land der Welt mit seinen über 321 Millionen Einwohnern (Stand 2015 laut Statista.de) und ein Markt mit sehr großer Konsumneigung. Jetzt, wo sich die Wirtschaft nach der Finanzkrise wieder stabilisiert hat, wird für 2016 mit einer Konsumzunahme von drei Prozent gerechnet.[1]

---

1 Für 2019 wird ein schwächeres Wachstum erwartet, um 1,5 Prozent [Anm. der Expertin, persönl. Gespräch März 2019].

Simona Fabellini: Welche Herausforderungen kultureller Art könnte es für Manager geben, die beruflich in die USA gehen?

Christiena Kirchhoff: Da gibt es unzählige. Ich werde mich auf die Wichtigsten beschränken. Es kommt natürlich auch darauf an, unter welchen Bedingungen man in die USA geht: als Student, Expat, Teamleader, Manager oder Unternehmer. Nichtsdestotrotz sind gewisse Herausforderungen da, darunter die bereits angesprochene Konsumneigung. Die Herausforderung im Umkehrschluss besteht in diesem Fall dann in der hohen Wettbewerbsintensität – es muss schnell gehen. Möchte man beispielsweise in die USA exportieren, sollte man auch die sehr strengen Sicherheitsanforderungen im internationalen Warenaustausch berücksichtigen. Besonders wichtig zu wissen ist in Fällen, in denen es um vertragliche Angelegenheiten geht, dass das Rechtssystem in Amerika auf *case law* basiert und in Deutschland auf kodifiziertem Recht. Das spielt besonders bei Produkthaftung und Schadensersatz eine Rolle.

Des Weiteren ist der amerikanische Arbeitsmarkt sehr leistungsfähig, jedoch kann es schwierig werden, qualifizierte Arbeitskräfte zu finden.

Arbeits- und Herangehensweise können weitere Herausforderungen mit sich bringen. Statements, die mir in Trainings oft zugetragen werden und die kulturelle und kommunikative Herausforderungen betreffen, sind: „In Amerika gibt es keine Hierarchien, alle duzen sich. Die gehen so locker miteinander um". Ein zweites Statement, was ich immer wieder höre ist: „In der Projektplanung wird ständig alles umgeworfen. Es scheint alles wie mit einer heißen Nadel gestrickt." Eine dritte Herausforderung ist, dass alles in Superlativen ausgedrückt wird: *great, super* oder im Konjunktiv *could, should, might*. Was will der Kollege oder der Chef eigentlich von mir? Eine vierte Herausforderung: „Die Amerikaner sind alle so freundlich, so unverbindlich. Sind die wirklich alle so oberflächlich?"

Simona Fabellini: Wie können Manager damit umgehen?

Christiena Kirchhoff: Eminent wichtig für den Erfolg sind auf jeden Fall eine positive Einstellung und ganz viel Enthusiasmus. Was das Rechtliche betrifft, so ist es sicherlich sinnvoll, sich erstmal beraten zu lassen.

Was das Kulturelle betrifft, kehren wir zu den Beispielen zurück, die ich soeben genannt habe.

„Alle duzen sich, gehen so locker miteinander um". Ganz wichtig: Gleichheitsdenken wird in Amerika sehr groß geschrieben. Das bedeutet, dass auf kommunikativer Ebene erst einmal alle gleichgestellt sind. Dies führt zu einem regen Austausch an Informationen – *open-door-policy* und cc im Email Verkehr – getreu dem Motto: fyi.

Ein zweiter Punkt ist, dass, obwohl Humor ein wichtiger Punkt des alltäglichen Lebens ist, es essentiell ist, politisch korrekt zu bleiben bzw. niemanden zu diskriminieren.

Belehrungen und Anweisungen kommen darüber hinaus überhaupt nicht gut an und sollten, wenn möglich, als Bitten verpackt werden. Wichtig zu wissen ist, dass das Gleichheitsdenken auf Beziehungsebene funktioniert, nicht aber auf der Sachebene; sprich bei Entscheidungen. Da lautet die Devise: Sie dürfen reden, aber zu sagen haben sie nichts!

Was Projektplanung betrifft, höre ich häufig, dass ständig alles umgeworfen wird. Amerikaner sind sehr pragmatisch orientiert. Sie wollen nicht wissen, wie die Uhr tickt, sondern sie wollen wissen, wie spät es ist. Für Amerikaner ist es eher fremd, möglichst alle Informationen zu sammeln und zu betrachten, um dann tragbare Lösungen zu finden. Stattdessen sind Planungsphasen kurz, Lösungen und Entscheidungen stehen im Vordergrund, Trial und Error gehören mit zur Grundeinstellung. Hinzu kommt, dass die Risikobereitschaft in Amerika wesentlich höher ist als in Deutschland. Das heißt, wo in Deutschland die Frage nach dem Warum gestellt wird, stellt man in Amerika eher die Frage: Warum nicht?

Last but not least, wenn es um die Präsentation von Informationen und Produkten geht, so stellen Amerikaner das Ergebnis bzw. das Ziel meist an den Anfang. Das nennt man den sogenannten *elevator pitch*, nämlich in 30 Sekunden von Etage eins auf drei seinen Punkt überzeugend rüberzubringen mit dem Fokus: *What's in it for me*. Die Schlussfolgerung kommt dann ans Ende.

Was das dritte Beispiel „alles wird in Superlativen und Konjunktiven ausgedrückt" betrifft: Das Selbstbild und die Selbsteinschätzung der Amerikaner ist sehr stark mit der sozialen Anerkennung verbunden. Sprich, sozialer Erfolg wird gleichgesetzt mit erfolgreich sein. Zu sozialem Erfolg gehört es, eine angenehme Atmosphäre zu schaffen. Dies macht man mit Höflichkeit, Freundlichkeit, einem Lächeln, Lob und ganz wichtig, Kompromissen. So kann es passieren, dass eine selbstgemachte Tasse Kaffee hochgelobt wird, wobei dies kein Zeichen von Überschwänglichkeit ist, sondern einfach ein Lob als Anerkennung.

Wie gesagt, Befehle und Anweisungen werden als Bitten verpackt. Ratschläge sind nur erwünscht, wenn danach gefragt wird. Vorsicht ist angebracht bei Kritik. Anders als in Deutschland wird ehrlich geäußerte Kritik oder eine direkte Ablehnung schnell als unhöflich und verletzend aufgefasst und sollte dann zum Beispiel mit der Sandwich-Methode höflich verpackt werden. Und hier noch ein wesentlicher Punkt: Kritik an Amerika oder den Amerikanern ist ein absolutes Tabu als Nicht-Amerikaner.

Das vierte Beispiel „Oh, die Amerikaner sind immer so freundlich, aber dennoch so unverbindlich. Sind die wirklich alle so oberflächlich?". Um in Amerika Erfolg zu haben, sollte man die feine Kunst des Small Talks beherrschen. Small Talk dient dazu, in einer sehr mobilen Gesellschaft zu prüfen, ob und wieweit gemeinsame private Interessen bestehen und ob diese gegebenenfalls ausgebaut werden können. Dies ist keinesfalls als Freundschaftsanfrage im deutschen Sinne zu verstehen. Kontroverse Themen wie Krieg und Religion, aber auch Krankheiten sollten vermieden werden. Ganz bedeutend noch: Eine Nicht-Beteiligung am Small Talk kann als Desinteresse und Ablehnung wahrgenommen werden.

Simona Fabellini: Wie können sich deutsche Unternehmen auf die Zusammenarbeit mit amerikanischen vorbereiten?

Christiena Kirchhoff: Auf jeden Fall sollten sie sich im Vorfeld über die USA, die Kultur, die Kommunikationsstile usw. kundig machen und sich, falls erforderlich, rechtlich beraten lassen. Des Weiteren sollten sie eine gewisse Neugier mit sich bringen, viel Optimismus und Enthusiasmus; kein Argusauge auf die Unterschiede haben, sondern Synergien und effektive Lösungsansätze schaffen. Die Amerikaner lieben nämlich nichts mehr als Lösungsorientierung.

Erfolgreiche Zusammenarbeit mit Kanada

Interview mit Nicole Lyotier Stroeble

Nicole Lyotier Stroeble ist im englischen Teil Kanadas, zwischen Vancouver und Alaska, groß geworden. Wie der Name schon vermuten lässt, hat sie viele verschiedene Wurzeln, nämlich schottische, französische und deutsche. Nach dem Psychologiestudium und einigen Jahren in der Öffentlichkeitsarbeit hat sie noch einen MBA erworben, den sie in Kanada begonnen und in Frankreich abgeschlossen hat. Seit 2000 lebt sie in München und hat im Anschluss an ihre Tätigkeit als Beraterin für eine IT-Firma dort HR-Projekte geleitet. Inzwischen arbeitet sie als selbstständige Beraterin im Bereich der Organisationsentwicklung mit dem Schwerpunkt Changemanagement und internationale Zusammenarbeit.

Simona Fabellini: Warum kann es für deutsche Unternehmen vorteilhaft sein, mit Firmen in Kanada Geschäftsbeziehungen aufzubauen?

Nicole Lyotier Stroeble: Ganz aktuell von Vorteil ist die finanzielle Lage des Landes, weil der kanadische Dollar sich vom Wert des amerikanischen Dollars unterscheidet. Grund hierfür sind die Ölpreise und die starke Abhängigkeit von Ressourcen in Kanada. Dieser Trend wird längere Zeit anhalten, sodass sich langfristige Investitionen in das Land durchaus lohnen. Deshalb ist Kanada interessant für europäische Firmen als eine Art Tor zur NAFTA (North American Freetrade Agreement). Kanada ist ein bisschen europäischer als die USA. Dies bedeutet, dass es eine gute Gelegenheit ist, dort auf dem amerikanischen Markt Fuß zu fassen, entweder als Betriebsstandort, Produktionsstätte oder als Testmarkt. Es sind schon unterschiedliche Kulturen. Die Bereitschaft auf kanadischer Seite besteht auf jeden Fall.

Simona Fabellini: Was unterscheidet Kanada von anderen englischsprachigen Industrienationen?

Nicole Lyotier Stroeble: Vor den Unterschieden sollte zunächst auf die Gemeinsamkeiten hingewiesen werden, da diese so zahlreich sind, und zwar selbst mit kleineren, englischsprachigen Nationen wie Schottland oder Neuseeland. Kanada hat große Nachbarn, mit denen es ständig verglichen wird. Wenn man mit Kanada zu tun hat, sollte man es auf keinen Fall mit Amerika verwechseln, denn es ist mehr als ein weiterer Bundesstaat. Kanada hat eine ganz andere Mentalität. Ebenso wie sich die Schotten und die Neuseeländer von ihren Nachbarn unterscheiden. Das ist ein sehr wichtiger Punkt. Dennoch sind Kanadier den Amerikanern in vielerlei Art und Weise ähnlich, so sind Alltag und Medien stark von den USA geprägt. Die USA sind einer der wichtigsten Export- und Handelspartner. Allerdings sind die Kanadier sanfter und höflicher in ihrer Art, bestimmte Sachen anzugehen, und nicht ganz so direkt und selbstbewusst. Teilweise grenzt es schon an übertriebene Höflichkeit. Folgendes Beispiel soll dies veranschaulichen: Tritt mir jemand auf den Fuß, werde ich mich dafür entschuldigen, dass die Person auf meinen Fuß getreten ist. Es mag an mancher Stelle ein Problem sein, aber es zeichnet ebenso die freundliche und höfliche Art der Kanadier aus.

Simona Fabellini: Worauf müssen deutsche Manager oder deutsche Unternehmen besonders achten, wenn sie mit kanadischen Firmen zusammenarbeiten möchten? Gibt es Fettnäpfchen?

Nicole Lyotier Stroeble: Besonders wichtig ist die Höflichkeit, aber auch die Toleranz gegenüber Unterschieden. Durch die Multikulturalität des Landes ist es nicht unüblich, dass der kanadische Geschäftspartner verschiedene europäische, aber auch asiatische oder arabische Wurzeln hat, seit längerem in Kanada lebt und sich mit dem Land identifiziert. Deshalb sollte man ihn nicht sofort auf seine Herkunft ansprechen, sondern vielleicht einen späteren Zeitpunkt abwarten und dies im Rahmen eines freundlichen Austausches tun.

Genauso wichtig ist ein respektvoller Umgang mit diesen Unterschieden. Kanadier mögen zwar eine lockere Atmosphäre, die sehr informell und humorvoll ist, und bevorzugen einen eher lockeren Kleidungsstil, aber man sollte darauf achten, sich nicht respektlos über andere zu äußern.

Simona Fabellini: Wie können sich deutsche Unternehmen auf die Unterschiede vorbereiten?

Nicole Lyotier Stroeble: Man muss im Hinterkopf behalten, dass diese Unterschiede stark regional abhängig sind, wie es in allen Ländern der Fall ist, wo es regionale Unterschiede gibt. Das ist jedoch noch prägnanter, wenn das Land so groß ist wie Kanada, das zwar flächenmäßig groß ist, aber dennoch nicht so viele Einwohner hat. So hat Kanada ungefähr so viele Einwohner wie allein in Tokio wohnen.

In Quebec ist die Amtssprache beispielsweise Französisch, es gibt die *maritimes* (Anm.: die Inselstaaten), die als „kleines Schottland" gelten. Die Automobilindustrie sitzt in Ontario, dann gibt es die *prairies* (Anm.: die Prärieprovinzen), Alberta ist das Texas von Kanada, British Columbia ist das Kalifornien oder Silicon Valley von Kanada, und das Land verfügt mit Vancouver auch über Filmstudios. Es gibt natürlich auch die Eskimos und die Indianer im Norden, die heutzutage jedoch als *First Nations* oder *Inuit* bezeichnet werden. Diese Vielfalt zu achten, ist sehr wichtig. Es ist auch geboten, auf eine indirekte Kommunikation zu achten und zu üben, Dinge nicht direkt auszudrücken. Nicht so direkt, das heißt, zu sagen: „I think it would be a good idea to try like this" oder „Maybe you should try it like that". Selbst wenn man Aufforderungen höflich formuliert, können diese doch eine ganz konkrete Ansage sein.

Simona Fabellini: Was ist ein weiterer Tipp für eine erfolgreiche Zusammenarbeit mit Kanadiern?

Nicole Lyotier Stroeble: Im Hinblick auf die Bedeutung von Freundlichkeit, sollte man dem kanadischen Motto folgen: *If you can't say anything nice, don't say anything at all*. Das bedeutet, eine nette und freundliche Einstellung zu haben, Feedback und Kritik freundlich zu verpacken. Schließlich noch ein Tipp zum Thema Geld: Die kanadischen Dollar sind viel bunter als die amerikanischen. Die Ein-Dollar-Münze wird als *loonie* bezeichnet, weil darauf der Seetaucher-Vogel abgebildet ist (engl. *loon*). Da auf der Zwei-Dollar-Münze ein Polarbär abgebildet ist, wird sie auch *twoonie* genannt. Das ist sprachlich wichtig, damit man mit den Kanadiern auch über Geld sprechen kann.

Outsourcing nach China

Interview mit Molly Ng

Molly Ng ist chinesisch-malaysischer Abstammung und hat nach dem Abschluss ihres Chemiestudiums mehrere Forschungsprojekte in Asien mitbetreut. Als sie schließlich nach Deutschland kam, hat sie ein zweites Hochschulstudium im Bereich der Südostasienkunde und Psychologie absolviert, um dann im Marketing mit Schwerpunkt Asien in der Automobilbranche zu arbeiten. Heute ist sie als Beraterin und interkulturelle Kompetenztrainerin für deutsche sowie asiatische (chinesische) Unternehmen tätig. Dank ihrer internationalen Erfahrung gilt sie als Spezialistin für die Region Ostasien und Südostasien.

Simona Fabellini: Wenn deutsche Unternehmen überlegen, outzusourcen, was spricht für den Standort China?

Molly Ng: An China führt heute kein Weg vorbei. Einst galt China als verlängerte Werkbank für die Welt, aber nun will das Land sich auch in hochtechnologischen Bereichen etablieren. Hier liegt seine Zukunft: „Made in China 2025" heißt der neue Slogan. Diese neue gesamtchinesische Wirtschaftsstrategie zielt darauf ab, eine höhere Wertschöpfung in der Produktion zu setzen, aber auch Innovationen zu fördern. Strategisch plant die chinesische Regierung auch, die alte Seidenstraße wieder zu beleben und parallel dazu die sogenannte Seidenstraße zur See aufzubauen. Man wird in Zukunft folglich zwei riesige Handelsstraßen haben, sowohl über das Land als auch über das Meer. Es gibt darüber hinaus natürlich noch Freihandelszonen wie in Shanghai oder Guangdong, von denen deutsche Unternehmen profitieren können. Ein weiterer wichtiger Punkt ist der Markt Chinas an sich. So sind fast alle Firmen in China internationale Big Player, das heißt, wer Zulieferer ist, sollte nah am Kunden sein. Dabei können nicht nur ausländische, sondern zunehmend auch chinesische Firmen ihr Marktpotential anbieten. Man befindet sich außerdem in der Nähe von anderen asiatischen Ländern, sodass man auf spezielle Anfragen schnell direkt reagieren kann und sich somit die Lieferzeit verkürzt. Außerdem investiert China intensiv in Forschung und Entwicklung und hat seit 1998 sein BIP für Bildungsausgaben verdreifacht und die Zahl seiner Studenten verfünffacht. Manchmal fehlt es möglicherweise noch an Qualität, aber bei Spitzenuniversitäten und Elitenschulen spielt China schon in der Oberliga.

Simona Fabellini: Welche Herausforderungen ergeben sich in der Zusammenarbeit mit China?

Molly Ng: Zu allererst kann es eine Herausforderung sein, den Wandel in China zu verstehen. Das Geschäft in China ist nicht mehr so, wie es einmal war. Viele Unternehmen glauben, herausgefunden zu haben, wie sie dort gut zurechtkommen, aber das Ausmaß und die Intensität des Wandels in der Wirtschaft sowie die Volatilität des chinesischen Marktes lassen teilweise wirkungsvolle Strategien wirkungslos werden. Beispielsweise haben viele Chinesen nach dem ersten großen Börseneinbruch der Shanghaier Börse im Sommer 2015 den geplanten Kauf eines Neuwagens erst einmal auf Eis gelegt. Als Unternehmen in China muss man folglich flexibel sein und schnell agieren.

Die zweite Herausforderung ist es, die chinesische Politik zu verstehen. Wer in China Geschäfte machen möchte, muss die Prioritäten der Regierung nachvollziehen und seine Strategien entsprechend anpassen. Das hohe Wachstum verschafft der Regierung Legitimität und sorgt für soziale Stabilität. Allerdings wird die Partei weiterhin selbst bestimmen, wie schnell sie der Wirtschaft weitere Freiheiten einräumt.

Die dritte Herausforderung ist der Schutz des geistigen Eigentums. Laut einer Untersuchung gehören die Unternehmen in China und Hongkong mit einem Anteil von achtzig Prozent zu den Weltmeistern der Produktfälschung. Davor müssen deutsche Unternehmen nicht zurückschrecken. Viel wichtiger ist es, nach innovativen Ideen und Möglichkeiten zu suchen, noch bessere Produkte und Dienstleistungen anzubieten, wie beispielsweise sehr kompetenter After-Sale-Service oder intelligente Steuerungssysteme einer Maschine oder auch ein noch anwenderfreundlicheres Produkt.

Viertens, und die letzte große Herausforderung ist, das Verständnis für die Grundwerte und die Grundannahmen der Chinesen, das heißt, die kulturspezifischen Einstellungen und Grundeinstellungen der Chinesen zu verstehen. Diese Grundeinstellungen sind sehr tief in der Kultur verwurzelt und wirken häufig auch unbewusst. Die Benimmregeln, Sitten, Kommunikationsformen bzw. Verhandlungstechniken kann man erlernen, aber nicht die Grundwerte.

Simona Fabellini: In welcher Weise können sich Unternehmen auf ein Outsourcing nach China vorbereiten?

Molly Ng: Man muss seine Hausaufgaben machen. Es gibt vier Fragen für die China-Strategien. Erstens: Wie offen ist unsere Branche heute und in Zukunft in China? Es gibt gesetzliche Beschränkungen, sowohl was das Eigentum an Unternehmen betrifft, als auch für Produkte und Dienstleistungen, die angeboten werden dürfen. Zwar wird China diesbezüglich immer offener, aber es folgt dabei keinem Zeitplan. Hier ist es deshalb gut, wenn deutsche Unternehmen früh und rechtzeitig Verbindungen zu wichtigen Regierungsvertretern aufbauen.

Die zweite Frage heißt: Welche Geschäftsmodelle soll man nutzen? Man muss hierfür bereits ein klares Konzept haben. Dazu gehört es auch, eine weitsichtige Kostenkalkulation zu haben, um mit den schwankenden Geschäftssituationen zurecht zu kommen, zum Beispiel durch steigende Lohnkosten in China.

Die dritte Frage lautet: Können wir mit den Unsicherheiten in China leben? Die Geschwindigkeit des Wandels, lückenhafte Daten, aber auch häufiger Wechsel im Topmanagement sind keine Seltenheit. Die Frage für Deutsche wäre, wie man damit umgeht.

Die vierte Frage, die deutsche Unternehmen beantworten sollten, ist: Wie können wir unser Chinageschäft mit dem im Rest der Welt verknüpfen? Um die Kosten niedrig zu halten, müssen Firmen ihre Aktivitäten in China mit den Unternehmungen in anderen Ländern verflechten, zum Beispiel indem sie ihre Produkte in China entwickeln und sie in anderen asiatischen Ländern fertigen lassen oder umgekehrt. Diese Frage ist nämlich entscheidend, wenn ein Unternehmen weltweit wettbewerbsfähig bleiben will.

Simona Fabellini: Gibt es noch einen letzten Punkt, den es zu beachten gibt?

Molly Ng: Deutsche Unternehmen müssen sich auf den interkulturellen Aspekt bei einem Outsourcing nach China vorbereiten. Das kann auf betrieblicher und operativer Ebene gut funktionieren, aber wenn man nicht versteht oder weiß, warum und wie man richtig kommuniziert, und warum und wie man ein Gesicht wahrt, dann wird es schwierig, in China Geschäfte zu machen. Das heißt, die Grundwerte und die kulturelle Einstellung der Chinesen zu verstehen, gehört auch dazu. Ein wichtiger Punkt zum Abschluss, den deutsche Unternehmen berücksichtigen müssen, ist, Empathie für die Chinesen zu empfinden, die Unterschiede zu akzeptieren und darauf positiv aufzubauen.

Der Kunde ist Gott: Kundenorientierung in Japan

Interview mit Kiriko Nishiyama

Kiriko Nishiyama ist in Japan geboren und dort zur Schule gegangen. Für das Journalismus-Studium ging sie nach Amerika, um anschließend zum Tokioter Büro der französischen Presseagentur AFP als englischsprachige Journalistin zurückzukehren.

Seit 2001 lebt sie mit ihrem österreichischen Mann in München, und seit über zehn Jahren ist sie als interkulturelle Trainerin, Beraterin und Coach selbstständig.

Simona Fabellini: Was ist in Japan im Geschäftsleben so anders im Vergleich zu Deutschland?

Kiriko Nishiyama: Vieles ist anders. Japan ist aus der deutschen Sicht Fernost, aber natürlich sehen wir Japaner nicht, dass wir in Fernost positioniert sind, sondern dass wir in der Mitte der Welt liegen, wie es eben jeder von uns denkt.

Auch im Geschäftlichen haben sich eigene Gepflogenheiten entwickelt, die wir als selbstverständlich sehen, die aber von Deutschen als sehr fremd empfunden werden. Dazu gehören sehr hierarchische, starke Kunden-Lieferanten-Beziehungen, was auch für Deutsche, die nicht diese Mentalität gewöhnt sind, zu einem Problem werden kann. Für diese vertikale Beziehung zwischen Kunden und Lieferanten, haben wir in Japan einen Spruch: „okyakusama wa kamisama desu". Das bedeutet so viel wie: Der Kunde ist Gott. Der Kunde steht folglich ganz oben und gilt als Gott. Aber wir haben eine ganz andere Religion und andere Glaubenssätze, sodass es möglich ist, mehrere Gottheiten zu haben. Den Kunden als eine von ihnen zu behandeln, ist kein Widerspruch. Im Gegenteil, das ist sehr, sehr wichtig.

Um dies anhand eines Beispiels zu illustrieren: Ich habe mein Gepäck mit Arbeitsmaterialen bei der Annahmestelle einer deutschen Fluggesellschaft in München abgegeben. In Tokio musste ich dann feststellen, dass es nicht in die Maschine der japanischen Partnerfluggesellschaft geladen worden war. Obwohl es nicht ihre Schuld war, entschuldigten sich die zwei Mitarbeiterinnen der japanischen Fluggesellschaft zunächst mehrmals für die Umstände. Ich bat sie, das Gepäck bis zu einer dringenden Veranstaltung zwei Tage später an meine nächste Station in Hiroshima zu schicken. Sie bückten sich zu Boden, um sich in Demut möglichst klein zu machen – eine Geste, die in so einem Reklamationsgespräch gegenüber Kunden in Japan als „angemessen" gilt. Sie versicherten mir mehrfach, dass sie ihr Bestes geben würden, um meinem Wunsch zu entsprechen und dass sie mich auf dem Laufenden halten würden. Genau das taten sie auch. Tatsächlich wurde ich über jeden Schritt informiert und zwar von dem Eingang des Auftrags in der Kundenzentrale bis zur Ankunft meines Gepäcks um 18 Uhr des Folgetags auf dem Hiroshima-Flughafen. Ich brauchte mich bis dahin um nichts kümmern, und durch die ständigen Versicherungen und Benachrichtigungen hatte ich keine Sorgen oder Ärger und verschwendete auch meine Zeit nicht in irgendwelchen Warteschleifen. Und dies ist eher die Regel als die Ausnahme. Das heißt nicht, dass es in Japan besser oder schlechter wäre, sondern nur, dass es eben anders ist.

Man sollte auch wissen, dass es ein absolutes *No-Go* in Japan ist, Kunden gegenüber ein direktes Nein zu äußern. Es wird in einem sanfteren und „angemessen" entschuldigendem Ton mitgeteilt. Statt eines „Nein, das geht nicht", hört ein japanische Kunde eher: „Leider ist es schwierig, weil ...".

Und dies ist eine dieser vielen, kleinen, unsichtbaren Regeln, die nirgendwo geschrieben sind und die den Deutschen Kummer bereiten können.

Simona Fabellini: Ja, in Deutschland gibt es ja auch den Ausspruch „Der Kunde ist König", aber in Japan ist das offensichtlich nochmal etwas ganz anderes.

Simona Fabellini: Was müssen deutsche Geschäftspartner in einer Kundenbeziehung besonders beachten, wenn sie mit japanischen Unternehmen zusammenarbeiten?

Kiriko Nishiyama: Grundsätzlich müssen sie beachten, diese ganz anderen Kommunikationsarten zu pflegen. Wir unterscheiden immer stark je nach Situation, je nach Gesprächspartner, also Position, Alter und Geschlecht des Geschäftspartners. Teilweise ändern wir da die Gesprächsform komplett. Wir passen uns dann an die Hierarchieform an. Das heißt, aus Kundensicht zeichnen sich Dienstleister mit Demut und Flexibilität aus. Alle Wünsche des Kunden sind grundsätzlich realisierbar oder zumindest überlegen wir uns, was man machen kann. Eine Art der Flexibilität wird also zumindest erwartet.

Diese partnerschaftliche Beziehung, die man sich nach der westlichen Art vorstellen würde, also auf Augenhöhe mit dem Geschäftspartner, auch mal kritisches Feedback anzunehmen, aber es auch mal Kunden gegenüber zu geben, das sorgt dann in Japan dafür, dass das Geschäft scheitert.

So werden auch ganz viele Zusatzleistungen erwartet: Pünktlichkeit wird ganz groß geschrieben, Lieferverzug ist ein absolutes No-Go in Japan. Der Kunde wird auch dann über die Entwicklung eines Auftrags informiert, wenn alles glatt läuft. So wie ich detaillierte Zwischenberichte über die Versendung meines Gepäcks erhalten habe, sollte in der Regel keine Aktion auf Kundenseite erforderlich sein. Bringschuld haben immer die Lieferanten, aber niemals wird dem Kunden die Holschuld zugeschrieben.

Um ein Beispiel zu nennen, was in Japan in Bezug auf Kundenorientierung als normal gilt: Die Pünktlichkeit ist die Realität, das ist die Erwartungshaltung. In Japan haben wir sogenannte *Shinkansen*, *bullet trains*, vergleichbar mit dem ICE in Deutschland. Entlang des Landes gibt es ein langes

Schienennetz und die Shinkansen fahren jedes Jahr rund 334 Millionen Menschen quer durch das Land. Im gesamten Jahr 2012 gab es bei allen Shinkansen-Zügen insgesamt eine Verspätung von 36 Sekunden.

Dies illustriert die hohen Kundenansprüche in Japan, die vielleicht sogar die höchsten auf der ganzen Welt sind. Serviceleistungen – Service in Japan wird wie *saa-bisu* ausgesprochen – sind bei uns im Preis inbegriffene Zusatzleistungen. Trinkgeld zum Beispiel ist ein Fremdwort in Japan. Die europäische Geste, Kundenzufriedenheit mit zusätzlichem Kleingeld auszudrücken, kann japanische Dienstleister verwirren und sogar beleidigen. Die Kunden werden somit so sehr verwöhnt, dass sie dieselbe Demut und Flexibilität auch von nicht-japanischen Lieferanten erwarten.

Die deutschen Geschäftsleute müssen diese Kundenorientierung kennen(lernen) und sich bemühen, sich mit diesem sehr hohen Anspruch zurecht zu finden. Zuerst einmal müssen sie verstehen, was dahinter steht. Im Geschäftsalltag müssen sie dann versuchen, sich dem anzunähern. Ansonsten ist es in Japan schwierig, Erfolg zu erzielen.

Simona Fabellini: Wie können Manager damit umgehen? Was können sie machen?

Kiriko Nishiyama: Jeder sollte zuerst eigene Erfahrung sammeln und genau beobachten. Das heißt, man muss für sich erstmal Eindrücke sammeln, wie diese Unterschiede sich auf den Geschäftsalltag auswirken können. Und dann würde ich versuchen, einen japanischen Partner oder eine Vertrauensperson oder Berater zu finden, jemanden, dem man wirklich trauen kann und der auch wirklich zu diesen kulturellen Unterschieden beraten kann. Sonst würde ich durchaus sagen, dass die meisten Geschäfte scheitern würden.

Und die meisten deutschen Geschäftsleute haben gerade mit dieser starken, ganz unterschiedlichen Kundenorientierung enorme Schwierigkeiten.

Simona Fabellini: Einen Tipp oder einen zusammenfassenden Satz für deutsche Manager, was könnte man da sagen?

Kiriko Nishiyama: Wenn Sie dabei sind, sich mit japanischen Geschäftsleuten in Japan zu treffen, sollten Sie nicht zu schnell agieren, sondern zuerst abwarten und beobachten, wie sich japanische Geschäftsleute verhalten, und dann erst reagieren. Lassen Sie sich Zeit.

Australien: Erfolgsfaktoren für die Zusammenarbeit

Interview mit Tania Pellegrini

Tania Pellegrini kommt ursprünglich aus Australien und hat einen italienischen Hintergrund. Sie verfügt über langjährige Erfahrung im Bereich internationales Projektmanagement und hat in diesem Zusammenhang auch in Asien, Südamerika, Südafrika, im Mittleren Orient und in Europa gelebt und gearbeitet. Seit acht Jahren lebt sie in der Schweiz und ist dort als Trainerin und Beraterin für interkulturelle Kommunikation tätig. Ihr Schwerpunkt liegt dabei auf multikultureller Teamarbeit.

Simona Fabellini: Warum kann es für deutsche Unternehmen interessant sein, mit australischen Firmen zusammenzuarbeiten?

Tania Pellegrini: Es gibt verschiedene Gründe, ich werde mich jetzt vor allem auf wirtschaftliche Aspekte beziehen. Australien erlebt seit ungefähr 1992 ein sehr stabiles Wirtschaftswachstum, und 2016 sollte das Bruttoinlandsprodukt eigentlich noch um 2,8 % Prozentpunkte steigen. Deshalb ist Australien für deutsche Firmen sehr attraktiv, aber auch für jene Unternehmen, die eine Zusammenarbeit mit dem asiatischen Raum suchen. Beispielsweise ist Sydney die Finanzhauptstadt und es gibt zahlreiche internationale Banken aus asiatischen Ländern, die wegen der vielen und guten Beziehungen mit Australien ihren Hauptsitz dort haben. Dazu zählen Japan, Vietnam und China. Aus diesem Grund ist eine Zusammenarbeit mit Asien von Australien aus einfacher. Ein weiterer Vorteil ist aufgrund der strengen Einwanderungsgesetze die gute Lage auf dem Arbeitsmarkt mit qualifizierten und talentierten Arbeitnehmern. Ein Visum vom australischen Staat erhalten Bewerber nur, wenn sie bereits über eine berufliche Qualifikation verfügen. Aktuell besteht in Australien vor allem ein Bedarf an Allgemeinmedizinern, Universitätsdozenten, aber auch Köchen. Interessant ist außerdem, dass in Australien eine sehr niedrige Arbeitslosigkeit herrscht. Aktuell (April 2018) liegt sie bei 5,6 % Prozent, 2008 lag sie bei 4,13 %. Einige Industrien sind sehr produktiv, darunter fallen beispielsweise die Rohstoffindustrie, der Bergbau und neue bedeutende Industriezweige wie die Biotechindustrie und der IT-Bereich. Schwieriger hingegen ist die Automobilindustrie, weil die Produktion teurer geworden ist.

All dies veranschaulicht die breite Aufstellung und die Stabilität der australischen Industrie, die das Land für deutsche Unternehmen attraktiv macht.

Simona Fabellini: Was ist die größte Herausforderung, mit der deutsche Firmen rechnen müssen, wenn sie mit australischen Unternehmen ins Geschäft kommen möchten?

Tania Pellegrini: Es gibt einige wichtige Herausforderungen. Der bedeutendste Punkt ist das australische Streben nach Gleichberechtigung. Jede Person muss in Australien gleich behandelt werden, unabhängig davon, ob sie ein CEO eines multinationalen Unternehmens ist, ein großer Akademiker, ein Taxifahrer oder eine Verkäuferin. Das könnte mitunter schwierig sein für Deutsche, die sehr formell sind, denn Australien ist ziemlich informell. Konkret heißt dies, dass man sich immer sofort mit dem Vornamen anspricht und selten den Nachnamen benutzt. Man ist nie Prof. Dr. Ingenieur Müller, sondern immer gleich John, Mary oder David. Das könnte einen Deutschen überraschen, und er könnte sich beleidigt fühlen.

Ein weiterer Gesichtspunkt ist die Leistungsrelativierung in Australien. Ein großes Kompliment in Australien ist: „He is very unassuming" oder „Er ist sehr bescheiden" oder auch „Er hat keine Ansprüche". Das ist ein großes Kompliment in Australien, denn man sollte die eigenen Leistungen herunterspielen und sich nicht damit hervortun. Hier spielt wieder der Aspekt der Gleichheit mit hinein. Dies findet auch Ausdruck im „*mateship*", was bedeutet, dass alle Kumpel sind, sich folglich auf freundschaftlicher Ebene begegnen. Für einen Deutschen, der viel Wert auf seine Berufsbezeichnung legt, könnte das schwierig werden.

Simona Fabellini: Wie können Manager mit den Herausforderungen in der Zusammenarbeit mit Australiern umgehen?

Tania Pellegrini: In Australien gibt es viele Einflüsse aus Großbritannien. Bis in die Mitte des letzten Jahrhunderts gab es zahlreiche Einwanderer aus Großbritannien, was sich inzwischen jedoch geändert hat, sodass das Land sehr multikulturell geworden ist. Die Hauptverkehrssprache ist zwar nach wie vor Englisch, aber am zweithäufigsten wird Mandarin gesprochen, gefolgt von Italienisch. Das bedeutet konkret: Als ich in Australien gelebt habe, kam mein Nachbar aus Vietnam, ein anderer aus dem Libanon. Im Haus vor uns lebte eine Familie aus Griechenland. Die ersten 150 Jahre des europäischen Australiens waren jedoch von den Briten geprägt und deshalb sind auch heute noch diese Einflüsse spürbar. So sind Freundlichkeit und Höflichkeit von besonderer Wichtigkeit. Das bedeutet, dass man auch im beruflichen Alltag die Zeit und die Mühe auf sich nehmen muss, die Kollegen kennenzulernen und eine Beziehung zu ihnen aufzubauen. Beispielsweise verbringt man eine halbe Stunde am Montagmorgen damit, über die Sportergebnisse oder die Erlebnisse des Wochenendes zu sprechen. Man muss Zeit investieren und ein *mate* sein. Dies muss auch ein Manager wissen und sich darauf einlassen. Bei einem Meeting muss er sich die Zeit nehmen, mit jedem Einzelnen Small Talk zu machen. Das *mateship* ist sehr wichtig. Dementsprechend haben Australier eine Abneigung gegenüber autoritärem Verhalten. Das sollte ein Manager vermeiden, selbst eine Führungspersönlichkeit sollte deshalb als *mate*, als Kumpel, auftreten.

In Australien kommt es auch stark auf die Art und Weise an, wie etwas gesagt wird. So neigen Deutsche dazu, häufig ihre Meinung direkt zu äußern. Dies kann dann zu Konflikten führen und dementsprechend könnten Deutsche als arrogant und Besserwisser betrachtet werden. Stattdessen sollte man sich in Konfliktsituationen eher indirekt ausdrücken und vorsichtig bei seiner Wortwahl sein. Australier benutzen in den meisten Fällen Humor, selbst wenn es um das Äußern von Kritik geht. Hierbei sind sie antiautoritär und selbstironisch und ein bisschen selbstspöttisch. Ein australischer Mitarbeiter würde, wenn er einen Fehler gemacht hat, sagen: „Ich bin nicht der Schnellste heute" oder „Ich bin nicht der Klügste heute". Daher ist Humorlosigkeit ein großer Fehler. Wenn man sagt „Oh, he can't take a joke", ist das eine große Beleidigung. Alternativ sollten Deutsche Humor benutzen und sicherstellen, dass sie gelassen auftreten. Wenn Sie einen Änderungsvorschlag machen, sollte dieser als Frage formuliert sein, und es sollte nach der Meinung des anderen gefragt werden, z.B.: „John, what do you think about this", also „Wie siehst du das?", „Können wir das vielleicht ein bisschen anders machen?".

Simona Fabellini: Wie können sich deutsche Manager oder deutsche Teams auf diese Herausforderungen vorbereiten?

Tania Pellegrini: Wenn man mit anderen Kulturen zusammenarbeiten möchte, gibt es drei Schritte, die zu befolgen sind: Erstens muss man seine eigenen Werte sowie die eigene Kommunikationstechnik kennen. Man muss über sich selbst wissen, ob man Gleichheit bevorzugt oder doch großen Wert auf hierarchische Strukturen legt: Bin ich beleidigt, wenn man mich in einem Meeting nach meiner Meinung fragt oder bin ich beleidigt, wenn man mich nicht nach meiner Meinung fragt? Hat man dies für sich beantwortet, muss man dasselbe für Australier tun, indem man sie kennenlernt und beobachtet, um herauszufinden, wo die Unterschiede liegen. Im letzten Schritt muss man sich Techniken überlegen, um die Kluft zu überwinden. Man muss darüber nachdenken, was man tun muss, damit Australier eine Zusammenarbeit wünschen, man gemeinsame Absichten hat und gegenseitiges Vertrauen aufbaut.

Korea: Erfolgsfaktoren für die Zusammenarbeit

Interview mit Dr. Nils Reschke

Dr. Nils Reschke ist promovierter Kulturwissenschaftler und *Intercultural Business-Trainer & Moderator* (IBT/M)®. Er trainiert und berät in- wie ausländische Nachwuchs- und Führungskräfte in Hochschulen, NGOs und Wirtschaftsunternehmen. Neben den Themen Management, Team und Führung hat er sich vor allem auf Internationalisierungsprozesse und auf die Chancen und Herausforderungen interkultureller Zusammenarbeit spezialisiert.

Simona Fabellini: Welche Beziehungen hast Du zu Korea?

Nils Reschke: Korea lässt mich nicht mehr los, seitdem ich 2009 eher zufällig an der Seoul National University unterrichtete. Später habe ich dann bewusst zwei Jahre vor Ort gelebt und gearbeitet. Das war für mich eine spannende interkulturelle Erfahrung, die sich in ihrer Intensität wie fünf Jahre in Deutschland anfühlte. Als Mitarbeiter des DAAD habe ich Cultural Studies und Deutsch unterrichtet, aber auch binationale Netzwerke gepflegt und mit deutschen und koreanischen Firmen zusammengearbeitet.

Simona Fabellini: Worin genau liegt der besondere Reiz des Landes für Dich?

Nils Reschke: Das Land, das sein Image-Branding unter dem Motto „Dynamic Korea" betreibt, hat tatsächlich eine fast körperlich spürbare Energie. Die Faszination glitzernder „Samsung-Welten" ist aber nur die eine Seite der Medaille, denn gerade das Ringen moderner Einflüsse mit traditionellen Normen und Kulturstandards prägen das Land. Spiritualismus und Turbokapitalismus, Konfuzianismus und Konsumstreben, Ahnenkult und Hochtechnologie sind hierbei höchst kompliziert miteinander verschränkt und machen das heutige Korea zu einem Land extremer Gegensätze. Mit gängigen Dos and Don'ts-Ratgebern kommt man da nur bedingt weiter. Ja oftmals landet man sogar direkt im nächsten Fettnäpfchen, weil das Wissen mancher Etikette-Ratgeber schlicht veraltet ist.

Simona Fabellini: Könntest Du uns ein konkretes Beispiel Deiner Arbeit nennen, das auch Herausforderungen in der Zusammenarbeit mit Koreanern verdeutlicht?

Nils Reschke: Gerne, nehmen wir ein anschauliches Beispiel aus der Projektarbeit: In Busan wird seit vielen Jahren ein deutsches Maifest veranstaltet, die größte Veranstaltung dieser Art im Land. Dieses fungiert als Ort der Begegnung und fördert den deutsch-koreanischen Austausch. Es bietet zudem die Möglichkeit, mit Firmen in Kontakt zu kommen, z.B. mit Sponsoren wie BMW Korea, Korean Air oder Bosch-Rexroth.

Einige meiner Studierenden haben so Wege in diese Unternehmen gefunden und arbeiten jetzt von Frankfurt, Seoul oder Hamburg aus im koreanisch-deutschen Handel.

So erfreulich dies ist, so fordernd war doch auch meine Rolle als Projektleiter. Es galt nämlich, Institutionen zu koordinieren, die sonst im Wettbewerb miteinander standen. Die verklausulierte Kommunikation, manch verstecktes Eigeninteresse der Projektbeteiligten und auch ein ausgeprägtes Hierarchie- und Konkurrenzdenken waren für mich als Korea-Neuling kaum durchschaubar. Meine westlichen Klischeevorstellungen von zurückhaltenden und sanftmütigen Asiaten wichen denn auch bald einer realistischeren Sicht der Dinge. Glücklicherweise half mir ein väterlicher koreanischer Freund, die Zusammenhänge besser zu begreifen – und ich kann nur dazu raten, bei der beruflichen Zusammenarbeit mit Koreanern auch auf „Kulturdolmetscher" zu setzen.

Simona Fabellini: Was sollte man in der beruflichen Zusammenarbeit mit Koreaner/innen beachten?

Nils Reschke: Das erwähnte Projekt hat mir geholfen, den asiatischen Kollektivismus besser zu verstehen. Das ausgeprägte Zugehörigkeitsgefühl zu Gruppen unterscheidet sich ja bekanntermaßen vom westlichen Individualismus. Bei der Zugehörigkeit zu Gruppen in Korea wird aber vor allem zwischen *meiner* In-Group (meiner Schule, meiner Universität, meinem Unternehmen) und *fremden* Out-Groups unterschieden. Mit ausgeprägtem Wettbewerbsdenken und Konkurrenzdruck wird man daher in Korea immer zu rechnen haben. Dem fügt sich, dass Alter, Status und (männlich geprägte) Autorität im Geschäftsleben eine viel größere Rolle als in Deutschland spielen – eine Tatsache, die gerade für westliche Geschäftsfrauen besonders herausfordernd sein kann. Vielleicht das größte Konfliktpotential birgt jedoch das unterschiedliche Kommunikationsverhalten von Koreanern und Deutschen. Die Kommunikation von Deutschen gilt im Allgemeinen ja als eher direkt und sachorientiert, während viele Koreaner eher indirekt kommunizieren. Verallgemeinernd gesprochen finden Deutsche diesen Kommunikationsstil vage und ausweichend, während Koreaner von klaren Ansagen und offener Kritik irritiert sein können. Zu Beginn einer geschäftlichen Zusammenarbeit empfiehlt es sich daher, etwas zurückhaltender als in Deutschland zu agieren, denn es ist besonders wichtig, einen Gesichtsverlust zu vermeiden. Schließlich sollte man sich auf die größere Beziehungsorientierung der Koreaner einstellen. So wird man trotz Globalisierung von Verhandlungsgepflogenheiten mit Koreanern letztlich nur dann erfolgreich kooperieren, wenn die Chemie zwischen den Beteiligten stimmt. Erste Treffen etwa dienen dem Kennenlernen – und man sollte hier nicht auf schnelle geschäftliche Entscheidungen beharren. Auch das gemeinsame Essen (und Trinken!) spielt bei der Anbahnung von Geschäften eine wichtige Rolle.

Simona Fabellini: Wie bereitest Du Deutsche in Deinen Trainings auf die Zusammenarbeit mit Koreanern vor?

Nils Reschke: Das hängt ganz von den Wünschen und Zielen der Kunden ab. Manche benötigen eine Einführung in die Regeln der Business-Etikette. Das ist vor dem ersten Geschäftskontakt auch durchaus sinnvoll, um Handlungssicherheit zu gewinnen. Wichtiger noch als die Vermittlung von Benimmregeln erscheint mir in der Regel jedoch eine Sensibilisierung dafür zu sein, welche Kultureinflüsse das Verhalten in Geschäftskontakten prägen können. In maßgeschneiderten Workshops mit Verhandlungssimulationen etwa geht es neben der kompakten Vermittlung von Fakten auch um das *Erleben* dieser Kultureinflüsse. Die Fähigkeit, sich in den Geschäftspartner einzudenken und einzufühlen, ist wesentlich für einen langfristigen Geschäftserfolg. Besonders gute Erfahrungen habe ich dabei mit gemischten Gruppen gemacht, bei denen Koreaner und Deutsche *hands on* im Unternehmen trainiert werden. In diesem Falle lohnt es sich sehr, mit koreanischen Co-Trainern zu arbeiten, denn so lassen sich Fremdheitsgefühle unmittelbar thematisieren und überwinden. Wer sich darauf einlassen kann, wird sich zielstrebig und handlungssicher auf dem ostasiatischen Parkett bewegen. Koreaner werden Ihnen übrigens fast jeden *faux pas* verzeihen, wenn sie spüren, dass Sie auf Augenhöhe verhandeln und mit Land und Leuten wertschätzend umgehen.

Erfolgreiche Zusammenarbeit mit Rumänien

Interview mit Adrienne Rubatos

Adrienne Rubatos kommt ursprünglich aus Rumänien, lebt aber bereits seit Langem in München/Deutschland. Dennoch hat sie nie den Blick für die politischen und sozialen Wandlungsprozesse in Osteuropa verloren. Sie kennt sich weiterhin in beiden Kulturen sehr gut aus, da sie nach wie vor in Rumänien familiär eingebunden ist. Seit mehreren Jahren berät sie im Auftrag von assist International HR Firmen, die mit Rumänien zusammenarbeiten möchten, begleitet sie bei ihren Internationalisierungsprozessen und hält interkulturelle Trainings zu Osteuropa. Zudem hat sie das Buch *Beruflich in Rumänien* verfasst und lehrt im Rahmen eines MBAs an der Steinbeis Universität Berlin im internationalen Kontext. Aus diesem Grund ist sie eine Expertin für deutsch-rumänische Zusammenarbeit und ist sich aufgrund ihrer Erfahrung auch der Stolpersteine bewusst.

Simona Fabellini: Wenn ein deutsches Unternehmen überlegt, outzusourcen, was spricht dafür, sich für den Standort Rumänien zu entscheiden?

Adrienne Rubatos: Es gibt zahlreiche Punkte. Einer davon ist das exzellente Verhältnis von Lohnkosten und Entfernung. Zwischen der Westgrenze Rumäniens und der Grenze Süddeutschlands liegen nur 1000 Kilometer Entfernung, mit dem Flugzeug erreicht man Rumänien nach einer bis eineinhalb Stunden Flug. Die Lohnkosten sind nach wie vor sehr niedrig. Das Niveau der staatlichen Universitäten ist sehr gut, es gibt eine Vielzahl von Studenten im technischen und wirtschaftlichen Bereich. Die Menschen sind sehr freundlich, sodass viele Expats, die sich länger dort aufhalten, nur ungern wieder nach Deutschland zurückkehren. Diese beziehungsorientierte Seite macht die Arbeit angenehmer. Es gibt inzwischen nicht nur junge Absolventen, sondern auch Mitarbeiter, die auf eine langjährige Berufserfahrung zurückblicken können.

Die Fremdsprachenkenntnisse sind in Rumänien sehr gut und es besteht kein großer Unterschied zwischen den Städten im Westen des Landes und deutschen Städten.

Simona Fabellini: Was sind denn die Herausforderungen bei einer deutsch-rumänischen Zusammenarbeit?

Adrienne Rubatos: Dabei ist immer wieder an die gegenseitige Hol- und Bringschuld zu denken, über die ich vor allem in der letzten Zeit immer wieder mit meinen Kunden zusammen stolpere, da sie unterschiedlich gesehen und gehandhabt wird. Konkret bedeutet dies, dass ein deutscher Chef erwartet, dass ein Mitarbeiter, der ein Problem oder eine Frage hat, dies dem Chef zuträgt. Im rumänischen Kontext erwartet der Mitarbeiter hingegen, dass der Vorgesetzte sich um ihn kümmert, nachfragt und entdeckt, wenn etwas im Argen liegt, oder auch (regelmäßig) die Arbeitsumgebung inspiziert. In diesem Kontext, in dem die Deutschen immer eine Führungsrolle einnehmen, kann es bisweilen passieren, dass die Parteien aufeinander warten und dies führt dann zu Unzufriedenheit. Hinzu kommt, dass dies so unterschwellig passiert, dass es jahrelang unausgesprochen bleibt und unnötig Energie konsumiert. So etwas wird dann beispielsweise in interkulturellen Trainings aufgearbeitet, und es werden entsprechende Strategien entwickelt, um dem entgegenzuwirken.

Simona Fabellini: Worauf sollten deutsche Unternehmen bei der Zusammenarbeit besonders achten?

Adrienne Rubatos: Alles, was zur Kultur gehört, ist wichtig und sollte von den deutschen Firmen gehört und gelernt worden sein. Viel Energie geht verloren, weil die Rollen, die Erwartungen, das Setting und die Rollenverteilung nicht klar sind und nicht deutlich kommuniziert werden.

Eine weitere Sache ist, dass durch die Beziehungsorientiertheit und die besondere Freundlichkeit der Rumänen mehr Zeit zum Kennenlernen, zum Kontakthalten und zum Begleiten eingeplant werden muss, als dies in Deutschland der Fall ist. Die Deutschen planen hier sogar meist weniger Zeit als in Deutschland ein. Aber auch die Settings sowie eigentlich alles im Land kostet viel mehr Zeit. Das muss man würdigen, und man muss die Zeit investieren.

Simona Fabellini: Wie könnten deutsche Unternehmen sich auf ein Projekt oder ein Outsourcing in Rumänien vorbereiten?

Adrienne Rubatos: So schnell wie möglich sollten sie – wenn möglich sogar schon vor der konkreten Planung – das kulturelle Wissen und die Besonderheiten miteinbeziehen. Das bedeutet, dass sowohl vor als auch nach bestimmten Entscheidungen überlegt werden muss, wie man Schulungen und Rekrutierungen konzipiert. Besonderes Augenmerk sollte auf der Frage liegen, wie man miteinander kommuniziert, denn der erste Eindruck zählt. Auch Rumänen müssen an interkulturellen Trainings teilnehmen, weil sie häufig kein Verständnis für die westliche Arbeitsweise haben und deshalb noch bedürftiger sind in Bezug auf Lernen, Selbstreflexion und der Öffnung zur globalen Welt.

Auch Reisen sind unerlässlich, um den direkten Kontakt zu suchen und zu halten. Außerdem findet sich geeignetes Personal auch in kleineren Städten, sodass man vor diesen nicht zurückschrecken und sich nicht nur auf die bekannten Städte versteifen sollte.

Outsourcing nach Indien

Interview mit Emily Slate

Emily Slate ist gebürtige Amerikanerin und ausgebildete Psychologin, lebt seit Langem in Deutschland und arbeitet als interkulturelle Trainerin mit internationalen Unternehmen zusammen. Ihr Spezialgebiet ist unter anderem Indien.

Simona Fabellini: Warum kann es für deutsche Unternehmen interessant sein, nach Indien outzusourcen?

Emily Slate: Interessant kann es für deutsche Unternehmen sein, wenn es um Dienstleistungen geht. Dies bedeutet konkret: Callcenter oder Back-office-Dienste, diverse medizinische Dienste und IT-Dienste. Vorteile für Indien als Standort sind, dass das Land inzwischen über einen reichen Erfahrungsschatz in der Erbringung dieser Dienstleistungen verfügt und entsprechend dafür ausgebildet ist. Hinzu kommt, dass Inder Englisch beherrschen.

Für diejenigen Firmen, die Dienste rund um die Uhr anbieten, kann es von Bedeutung sein, dass zwischen Indien und Deutschland ein Zeitunterschied liegt. Andererseits sind Inder zeitlich flexibel, sodass sie auch bereit sind, zu deutschen Arbeitszeiten zu arbeiten. Insofern ist es in beiderlei Hinsicht von Vorteil.

Simona Fabellini: Was ist die größte Herausforderung, wenn deutsche Manager oder Unternehmen nach Indien gehen möchten?

Emily Slate: In Indien gibt es sehr viele Aspekte im Arbeitsleben, die sich von Deutschland unterscheiden. Das betrifft den Arbeitsstil an sich sowie den Führungs- und Managementstil, aber auch grundsätzliche Bereiche wie die Kommunikation. Hier ein Beispiel: Eine deutsche Angestellte arbeitet ihre indischen Kollegen in Deutschland ein. Die Frage, ob sie alles verstanden haben, werden die indischen Kollegen immer bejahen, selbst wenn sie es nicht verstanden haben. Dies ist ein kulturelles Phänomen. Grund hierfür ist, dass die deutsche Angestellte eine Vertreterin der Zentrale ist und als solche in der Hierarchie über ihnen steht. Möglicherweise ist sie älter und da sie sie einweist, verfügt sie über eine größere Erfahrung und steht in der Hierarchie nochmals weiter oben. In der indischen Kultur gilt, dass man nichts Negatives nach oben trägt. Dies käme einem Gesichtsverlust für beide Parteien gleich. Wenn der indische Mitarbeiter sagen würde, dass er es nicht verstanden hätte, würde er implizieren, dass der Vorgesetzte es nicht gut erklärt hat.

Eine weitere Herausforderung zeigt sich in einer heiklen Situation, in der es um Kritik geht oder um einen möglichen Konfliktpunkt. Die deutsche Annahme ist, dass die Ansprache eines Konflikts positiv ist, da dies die Beziehung zwischen den Parteien wiederherstellen kann. Inder hingegen sind davon überzeugt, dass es schädlich für das Verhältnis wäre, einen Konfliktpunkt offen anzusprechen. Hier zeigen sich ganz andere Kommunikationsmuster auf beiden Seiten. Man muss sich der unterschiedlichen Kulturmuster bewusst sein und diese erlernen.

Simona Fabellini: Wie können Manager lernen, mit solchen Situationen umzugehen?

Emily Slate: Da bieten sich spezielle Übungen innerhalb von interkulturellen Trainings an, wie beispielsweise Rollenspiele anhand von Beispielen, die so in der Realität auch immer wiederkehren. Dennoch ist dies für Deutsche sehr schwierig, denn insbesondere im internationalen Vergleich mit anderen Nationen kann man sie als eines der direktesten Völker der Welt bezeichnen. Zu Missverständnissen kommt es jedoch auf beiden Seiten, und nicht nur durch die Deutschen, weil sie es nicht gewöhnt sind, zwischen den Zeilen zu lesen und daher die Botschaft nicht richtig empfangen. Umgekehrt lesen Inder bei einer deutschen Nachricht zwischen den Zeilen und erhalten so einen Inhalt, der nicht in dieser Weise gemeint war. Der Deutsche hat genau das gesagt, was er gemeint hat, aber durch die kulturelle Prägung des Inders versteht Letzterer etwas vollkommen anderes.

Es gibt auch viele positive Beispiele, jedoch müssen die erwähnten kulturellen Unterschiede gelernt werden.

Simona Fabellini: Welche Empfehlungen würdest du für Firmen aussprechen, die einen Standort in Indien gründen möchten?

Emily Slate: Man soll sich bereits in einem sehr frühen Stadium der Planung über indisches Verhalten informieren, und zwar nicht nur über Kommunikation, sondern auch über den Managementstil.

Etwas, das fast immer schief läuft, veranschaulicht dieses Beispiel: Der indische Managementstil unterscheidet sich stark vom deutschen, da indische Mitarbeiter viel steuerungsintensiver sind. Sie erwarten häufig eine Schritt-für-Schritt-Anleitung, und der Manager wird ihrer Meinung nach dafür bezahlt, diese Aufgabe zu übernehmen. Eigenengagement und Initiative eines indischen Mitarbeiters wird in der kulturellen Tradition des Landes als Aufmüpfigkeit interpretiert. Dementsprechend streben sie nicht danach, selbstständig Lösungen zu finden, wohingegen diese Dinge in Deutschland selbstverständlich sind. Wenn Projekte von Deutschland aus geleitet werden, erwartet der Teamleiter eines deutschen Teams, dass alle Mitglieder mehr oder weniger eigenständig arbeiten. Daher kann ein deutscher Teamleiter viel mehr nebenbei managen, weil er nicht ständig jeden Mitarbeiter steuern muss. Der Fehler, den deutsche Firmen häufig machen, ist, dass sie Zeit für die deutschen Projektmanager in Indien so planen, als würden diese Manager Projekte in Deutschland betreuen. Dadurch wird viel zu wenig Zeit eingeplant. Man muss bei der Planung berücksichtigen, dass ein Manager in Indien wohlweislich viel weniger Nebenaufgaben hat als in Deutschland. Somit hat er die nötige Zeit, sich seinem Team zu widmen.

Erfolgsfaktoren für die Zusammenarbeit mit Ungarn

Interview mit Gyöngyi Varga

Gyöngyi Varga stammt gebürtig aus Ungarn, wo sie auch aufgewachsen ist. Sie ist ausgebildete Sprach-, Literatur- und Kulturwissenschaftlerin sowie Diplom-Pädagogin. Zusätzlich zu diesen Studienabschlüssen in Deutschland und Ungarn, hat sie sich als transkultureller Coach in der Schweiz zertifiziert. Seit 2004 ist sie auf internationale Potential- und Teamentwicklung spezialisiert. Heute ist sie eine der führenden Expertinnen in Bezug auf Ungarn. Sie beschreibt sich selbst als „flexible Pragmatikerin", die mit Empathie und mit Blick auf Nachhaltigkeit Kunden bei der interkulturellen Zusammenarbeit unterstützt.

Simona Fabellini: Welche Schritte sollten deutsche Führungskräfte möglichst gehen, bevor sie mit der Zusammenarbeit mit ungarischen Kolleginnen und Kollegen beginnen?

Gyöngyi Varga: Erstens sollten sie überlegen, ganz gleich ob sie nun real oder virtuell zusammenarbeiten, welche Rolle ihr ungarisches Tochterunternehmen in der gesamten Unternehmensorganisation hat. Alle deutschen Führungskräfte sollten mit dieser Rolle möglichst auch einverstanden sein, dies auch leben und dem ungarischen Tochterunternehmen klar kommunizieren.

Zweitens sollten sie sich mit den kulturellen Unterschieden, die sie tendenziell in Ungarn vorfinden, auskennen und sich mit den Kommunikationsstilen möglichst auf internationaler Ebene befassen.

Drittens sollten sie die Vorteile der deutsch-ungarischen Zusammenarbeit und deren Synergiepotentiale, die sie anstreben, transparent darstellen. Wichtig ist, dass sie sich schon im Vorfeld Gedanken über die Internationalisierungsstrategien machen, die sie letztendlich in Ungarn einführen werden.

Zahlreiche Konzerne leben es bereits vor. Der deutsche Mittelstand hinkt etwas hinterher. Wenn sie diese drei Schritte beachten, haben sie schon für einen sehr stabilen Start in Ungarn gesorgt.

Simona Fabellini: Welchen kulturellen Herausforderungen müssen sich deutsche Führungskräfte bei der Zusammenarbeit mit ungarischen Firmen oder Teams stellen?

Gyöngyi Varga: Die größte Herausforderung für deutsche Führungskräfte oder Mitarbeiter sehe ich bei den unterschiedlichen Kommunikationsstilen. Da ist an den direkten Kommunikationsstil der deutschen Mitarbeiter und den eher indirekten Stil zu denken, der eher für ungarische Angestellte charakteristisch ist. Hier ist es auf jeden Fall sehr ratsam, die deutschen und ungarischen Kulturstandards genau zu kennen und den entsprechenden Kommunikationsstil, den mein Gesprächspartner auch versteht, in der jeweiligen Situation möglichst sensibel und angepasst zu verwenden.

Hier geht es nicht nur um die gemeinsame Sprache, sondern um den sprachlichen Ausdruck, der letztendlich auch dafür sorgt, dass wir miteinander effizient und motiviert zusammenarbeiten können.

Simona Fabellini: Wie können Führungskräfte damit umgehen? Hast du ein Beispiel aus der Praxis?

Gyöngyi Varga: Deutsche Führungskräfte können dies am besten bewältigen, wenn sie beide Kommunikationsstile gut kennen, sie flexibel einsetzen und sie vor allem auch verstehen können. Sich darüber aufzuregen, warum man in Ungarn dies und jenes nicht so formuliert wie in Deutschland, lohnt sich nicht und kostet nur Zeit und damit auch für das Unternehmen Geld.

Viel lohnender ist es, sich bereits zu Beginn in Deutschland Gedanken zu machen, wie man gewisse Sachen formuliert, wie Kritik oder Lob, und ein *Nein* kulturell anzupassen ist. Das kann man durchaus auch in schriftlicher Form machen. Zum Beispiel: Im direkten Stil würde es lauten „Mit dieser Lösung können wir absolut nichts anfangen", während es im indirekten Stil „Wäre es möglich, dass wir die Lösung noch einmal gemeinsam durchgehen und auswerten?" lauten könnte. Ich sehe es als echte Bereicherung, wenn man den Umgang mit der kulturellen Vielfalt auch nachhaltig lernt.

Simona Fabellini: Inwieweit kann sich ein europäisches Unternehmen auf eine Zusammenarbeit mit einem ungarischen vorbereiten?

Gyöngyi Varga: Es gibt zahlreiche Möglichkeiten, darunter interkulturelle Workshops, Themenworkshops, Trainings und Coachings. Wichtig bei all diesen Alternativen ist, dass man die Ziele genau kennt und die Stunden gemeinsam mit dem Trainer gestaltet. Ich empfehle meistens mehrere Einheiten über einen größeren Zeitrahmen hinweg, damit auch der Transfer des Gelernten bestehen bleibt.

Experteninterviews zu Interkultureller Handlungskompetenz

Cross-cultural Negotiation

Interview mit Frank Beckmann

Frank Beckmann ist ausgebildeter Chemiker und hat in Berkeley, USA studiert. Darüber hinaus hat er langjährige Erfahrung durch seine Tätigkeit für international agierende Pharmaunternehmen und hat vor allem in leitenden Positionen in den Bereichen Sales, Marketing und Training gearbeitet.

Heute arbeitet er als zertifizierter Berater, Trainer und personal Coach mit dem Fokus auf internationalen Projekten hauptsächlich in der Türkei, wo er deutsche und türkische Unternehmen berät. Außerdem pendelt er zwischen Hamburg und Izmir, wo er auch das Café *Kültür* gegründet hat.

Simona Fabellini: Wie bist du zum Thema Cross-Cultural Negotiation gekommen?

Frank Beckmann: Das Thema war ja ursprünglich *Cross-Cultural Selling*, weil ich viel im Vertrieb trainiert habe und durch meine Tätigkeit im Ausland viele unterschiedliche Herangehensweisen kennengelernt habe. Aber wenn man sich das so anschaut, dann laufen Verkaufsprozesse auch mit

Verhandlungen ab, und wenn wir uns bewusst machen, dass hinter jeder Kommunikation letztlich auch eine Verhandlung steht, denke ich, dass der Titel *Cross-Cultural Negotiation* für unser Gespräch heute viel besser passt.

Simona Fabellini: Was ist denn das Besondere an einer interkulturellen Verhandlung?

Frank Beckmann: Es gibt ja eine Menge Theorien zur Verhandlungskompetenz. Viele kennen vielleicht das Harvard-Prinzip mit den zwei Geschwistern, die sich um eine Orange streiten. Die eine benötigt die Schale für einen Kuchen, die andere möchte den Saft trinken.

Wenn wir allerdings mit Menschen verhandeln, die nicht aus unserem Kulturkreis kommen, geht es nicht nur darum, herauszufinden, was der Bedarf und das Interesse unseres Verhandlungspartners ist oder dass man nach Sach- und Beziehungsebene trennt, sondern wenn wir es mit anderen Kulturen zu tun haben, gibt es noch eine weitere Ebene, die man berücksichtigen muss. Das sind zum einen der Verhandlungsstil und zum anderen das Wertesystem des Verhandlungspartners. Man spricht hier auch von der *surface culture* und der *deep culture*.

Simona Fabellini: Wie verhandle ich denn mit Geschäftsleuten aus der Türkei, Indien oder überhaupt einer Person aus einer anderen Kultur, die mir fremd ist?

Frank Beckmann: Hier liegt bereits der erste Fehler bzw. die Situation wird unterschätzt. Die Kultur, aus der jemand kommt, hat natürlich einen großen Einfluss auf die Verhandlungen. Allerdings gibt es innerhalb einer Kultur schon Variationen. Wenn ich gefragt werde: „Wie verhandelst du am besten mit einem Türken?", dann ist meine erste Frage: „Mit was für einem Türken verhandelst du?". Ein Türke aus Istanbul oder Konya? Ein Türke, der aus einer ländlichen Bevölkerung stammt und dann in die Stadt gezogen ist? Oder ein Türke aus Deutschland – wir sagen dazu in der Türkei *Alamancı*? Einer, der das Familiengeschäft in der Türkei führt? Alt oder jung? Mann oder Frau? Wir haben es also mit sehr unterschiedlichen Türken zu tun, weil sie neben ihrer Kultur, Türke zu sein, noch viele andere Kulturen in sich tragen. Und hier liegt der Grund dieser Unterschätzung, von der ich eben sprach: Wir tendieren dazu, auf die nationale Kultur zu schauen, wenn wir mit Ausländern verhandeln, aber darüber hinaus haben wir auch *age culture, gender culture, religious culture, educational culture und race culture*. Und alle beeinflussen natürlich unser Verhalten. Wenn wir diese berücksichtigen, hilft es uns zu verstehen, wie die andere Person denkt und kommuniziert. Damit erzielen wir auch einen besseren Verhandlungserfolg.

Simona Fabellini: Diese Heterogenität nimmt man ja schon im eigenen Umfeld wahr, in dem wir uns täglich bewegen. Die Herausforderung ist natürlich im internationalen Kontext noch viel größer.

Simona Fabellini: Wie geht man mit dieser Heterogenität um?

Frank Beckmann: Also ich sage da manchmal, auch wenn das etwas übertrieben ist, dass ich lieber mit einem alten anatolischen Oberhaupt eines Familienclans verhandele als mit einem westeuropäischen Geschäftspartner mit einem wissenschaftlichen Hintergrund aus Kopenhagen, der auch noch Protestant ist und mir kulturell viel näher erscheint. Warum? Weil die Gefahr besteht, dass ich diese Nähe überbewerte. Weil wir uns so ähnlich sind, machen wir unheimlich viele Annahmen, was wir übereinander wissen und verstehen. Wir überbewerten diese Nähe. Und wenn wir dies tun, übersehen wir häufig Dinge und reden nicht über bestimmte Risiken und Möglichkeiten. Was ist die Konsequenz? Dass wir ein nicht so gutes Geschäft machen oder eines, das wir besser hätten machen können. Wenn ich es aber mit einer Person zu tun habe, die so ganz anders ist als eine aus meiner eigenen Kultur, dann bin ich extra vorsichtig, solche Annahmen zu machen.

Simona Fabellini: Was empfiehlst du, wenn die eigene Kultur „weit weg ist" von der Kultur des Verhandlungspartners?

Frank Beckmann: Der erste Schritt ist es, gar nicht so sehr auf den Verhandlungspartner zu schauen, sondern viel eher auf sich selbst und dann den eigenen Verhandlungsstil zu beleuchten. Da gibt es übrigens ein hervorragendes Assessment-Tool, mit dem man nicht nur den Verhandlungsstil des Gegenübers, sondern auch den eigenen viel besser verstehen kann. Wen das interessiert, kann sich gerne an mich wenden. Was macht man mit diesem Tool? Man macht eine kurze *Gap-Analysis*: Vielleicht bin ich jemand, der sehr *time sensitive* ist, also ich bin *German, punctual*. Die andere Seite ist da vielleicht mehr entspannt. Kommuniziere ich direkt und der andere eher indirekt? Also *low* und *high context culture*. Aus dieser Analyse kann ich Erkenntnisse ziehen, wo mögliche Fallstricke in einer Verhandlung liegen und auf diese achten.

Simona Fabellini: Macht es Sinn, dass man sich dem Stil des anderen in den Verhandlungen anpasst?

Frank Beckmann: Es gibt ja diese berühmte Aussage: *When in Rome, do as the Romans do*. Das Witzige ist, dass dieses Sprichwort fast überall bekannt ist, nur nicht bei den Italienern.

Viele sagen: Nein, nicht anpassen, weil es dann zu Problemen kommen kann. Wenn ich meinen Verhandlungsstil anpasse und mein Gegenüber auch, kann es zu sehr komischen und unkomfortablen Situationen kommen. Ich wage mal zu behaupten, wir sind gar nicht in der Lage, uns komplett in eine andere Kultur einzuarbeiten und diese zu verstehen. Das heißt, wenn wir adaptieren, dann müssen wir das in einer sehr bewussten, aber auch einer sehr respektvollen Art und Weise tun.

Kurze Story: Zu dieser Frage wurde einmal ein Topmanager einer der größten japanischen Versicherungsunternehmen befragt. Dieser hatte zum Beispiel mit Richard Fuld von den Lehman Brothers oder Dr. Breuer von der Deutschen Bank verhandelt. Und er antwortete auf diese Frage: „I think success of negotiation between cross-national companies depends on respect of each other rather than style." Das heißt, wenn man sich darauf vorbereiten will, würde ich empfehlen, sich moderat an eine solche Verhandlungssituation anzupassen, anstatt sich vollständig zu adaptieren oder ein paar *key features* oder Tabus einer anderen Kultur herauszubekommen.

Wenn ich beispielsweise Coachings oder Trainings mit Führungskräften zu diesem Thema durchführe, dann mache ich häufig eine Übung mit ihnen, die *role reversal* genannt wird. Dabei versetzt man sich aktiv in die Rolle des Verhandlungspartners. Einmal habe ich erlebt, dass der Italiener die Rolle des Japaners spielen sollte. Die Rolle des Italieners ist dann in der Verhandlung, mehr zu schweigen. Dabei merkt er auf einmal, welche Stärke Schweigen als Verhandlungstool ist. Das ist als Vorbereitung schließlich wesentlich lehrreicher, als sich nur theoretisch mit einer anderen Kultur auseinanderzusetzen.

Intercultural Recruitment:
Die internationale
Stellenausschreibung

Interview mit Ines Gasser

Ines Gasser hat deutsch-österreichische Wurzeln und lebt nach beruflichen Aufenthalten in verschiedenen Ländern wie u.a. Frankreich (Paris) inzwischen mit ihrer multikulturellen Familie in Wien. Sowohl in ihrer Rolle als Recruiterin als auch privat hat sie regelmäßig mit Internationalität und Interkulturalität zu tun.

Simona Fabellini: Warum ist es wichtig, dass Recruiter interkulturell geschult sind, wenn sie in internationalen Unternehmen tätig sind?

Ines Gasser: Die internationale Personalauswahl unterscheidet sich sehr stark von der klassischen, das heißt, dass bei interkulturellen Begegnungen der Einfluss der eigenen kulturellen Prägung auf die Beurteilung der Kandidaten eine ganz wesentliche Rolle spielt. Das wiederrum bedeutet, dass die Interpretation der Verhaltensweisen der Kandidaten durch unsere kulturellen Muster geprägt ist. Wenn man nun von einer Situation mit internationalen Kandidaten ausgeht, kann es dazu kommen, dass der Recruiter eine Antwort nicht richtig versteht, eine Verhaltensweise nicht korrekt interpretieren kann, sodass es zu einer starken emotionalen Verunsicherung kommt. Es ist neurologisch bewiesen, dass wir dann unterbewusst nach einer Ursache für diese Verunsicherung suchen, um diese zu umgehen, und dann setzen gewisse Abwehrmechanismen ein. Einer der bekanntesten ist die Ablehnung, die sich darin äußert, dass man sagt: Der Kandidat bzw. die Kandidatin passt nicht zum Unternehmen. Wonach er/sie aussortiert wird. Auch kognitive Verzerrungen spielen in internationalen Auswahlverfahren eine viel stärkere Rolle. Der Ähnlichkeitseffekt ist hierbei einer der prominentesten. Er besagt, dass wir als Personaler unbewusst Kandidaten bevorzugen, die uns am ähnlichsten sind in Bezug auf Verhaltensweise, Kommunikation, Wertehaltungen und Einstellungen. In einem internationalen Interview sind die Unterschiede dabei sehr stark und die Gefahr groß, dass es dadurch zu einer Ablehnung eines qualifizierten Kandidaten kommt. Die Recruiter müssen sich unbedingt die kulturellen Unterschiede bewusst machen und in der Lage sein, Perspektivenwechsel einzugehen, um die Kandidaten in ihrer ganzen Persönlichkeit wahrzunehmen und Fehlentscheidungen zu vermeiden.

Simona Fabellini: Wo zeigen sich kulturelle Unterschiede im Bewerbungsmanagement?

Ines Gasser: Das zeigt sich bereits im schriftlichen Bewerbungsprozess bei Anschreiben und im Lebenslauf. Unterschiede können hier bereits im Aufbau zu sehen sein, aber auch im

Layout oder beim Inhalt. Es gibt Kulturen, die stärker Wert auf Praxiserfahrungen oder Persönlichkeit legen, andere Kulturen hingegen heben stärker Zertifikate, Zeugnisse, Schulabschlüsse hervor. Wieder andere Kulturen finden es besonders wichtig, Kontakte, Beziehungen und Netzwerke aufzuzeigen, was sich letztlich in einer anderen Darstellung im Lebenslauf zeigt. Oftmals werden diese Unterschiede stark unterschätzt.

Simona Fabellini: Wie äußern sich kulturelle Unterschiede auf Seiten der Kandidaten?

Ines Gasser: In einer Interviewsituation beispielsweise können sich die Unterschiede auf verschiedene Art und Weise manifestieren. Bereits innerhalb Europas oder zu den USA gibt es Unterschiede. Dies kann sich in der Art der Kommunikation zeigen, genauer gesagt im Kommunikationsumfang und der Sprechgeschwindigkeit. Oder wie formell oder locker eine Atmosphäre ist, wie häufig Pausen sind oder wie formell die Kommunikation ist, aber auch wie Schweigen gedeutet wird: ist Schweigen auch mal normal oder kreiert dies Unwohlsein bei der einen oder der anderen Partei? Allerdings spielt auch die nonverbale Kommunikation eine Rolle, zum Beispiel der Einsatz und Umfang von Gesten oder das Zeigen von Gefühlen und deren Wertigkeit. Weitere Unterschiede machen sich schließlich im Inhaltlichen bemerkbar. Dies gilt zum Beispiel für die Selbstdarstellung. So haben niederländische Bewerber vielleicht eher Tendenzen, sich als bescheiden zu präsentieren, Erfolge eventuell eher kurz und prägnant zu schildern, dafür aber auch auf außerberufliche Erfolge hinzuweisen, darunter solche im privaten Bereich. Im Gegensatz dazu haben amerikanische Kandidaten eher Tendenzen, sich als sehr stark zu präsentieren und deutlich hervorzuheben, was bereits erreicht wurde, welche Erfolge erzielt wurden. Darüber hinaus ist es eher möglich, dass vielleicht Versprechungen gemacht werden, die unter Umständen nicht so eingehalten werden können. Bei einer Gegenüberstellung kann bei einem deutschen Personaler der Eindruck entstehen, dass sich der zweite Kandidat bzw. Kandidatin über Wert verkauft, während der niederländische Bewerber bzw. Bewerberin eher dazu tendiert, sich unter Wert zu verkaufen. Wenn man über die Verhaltensweisen und Eigenschaften Bescheid weiß, kann man die Kandidaten in einem anderen Licht sehen.

Simona Fabellini: Welche Empfehlungen hast du für die Personalauswählenden von internationalen Kandidaten?

Ines Gasser: Ganz wichtig ist: Personaler müssen sich darüber bewusst sein, dass auch andere Kommunikationsweisen als die eigene ihre Vorteile haben und zielführend sind. Des Weiteren sollte man mit Neugierde auf die Kandidaten und deren Persönlichkeit in einem internationalen Bewerbungsgespräch herangehen. Auch über ein grundsätzliches Kulturwissen sollte die Personalentscheider idealerweise verfügen und zwar sowohl seitens der Kultur der Bewerber als auch seitens der eigenen kulturellen Prägung. Hierbei spielt die Fähigkeit zur Selbstreflexion eine wichtige Rolle. Man sollte sich mit vorschnellen Urteilen zurückhalten und stattdessen zunächst versuchen festzustellen, welche Punkte genau beim Bewerber als störend empfunden wurden und warum dies der Fall ist. Liegt das vielleicht an den eigenen kulturellen Mustern? Hilfreich kann dabei auch sein, sich mehr auf die Inhalte statt auf die Form zu fokussieren.

Kultur und Recht – Interkulturelle Kompetenz im juristischen Bereich

Interview mit Jeri Weber

Jeri Weber stammt gebürtig aus den USA und hat in verschiedenen Ländern, darunter auch China und Indonesien, gelebt. Heute wohnt und arbeitet sie in Deutschland. Sie hat Jura und International Business studiert, ist als Attorney zugelassen und für internationale Firmen als interkulturelle Trainerin und Beraterin tätig.

Simona Fabellini: Warum wird es für Juristen heute immer wichtiger, ein interkulturelles Verständnis zu haben?

Jeri Weber: Wir wissen, dass wir heute in einer Welt leben, die immer stärker miteinander vernetzt und globalisiert ist, und Juristen haben schon seit Langem über Grenzen hinweg gearbeitet. In diesem Beruf bestand die Globalisierung schon immer, zumindest seit ich darin tätig bin. Dennoch nimmt die Globalisierung immer weiter zu und durchdringt sämtliche

Bereiche, auch in Europa. Heutzutage hat man geschäftlich mit Leuten zu tun, die zweihundert oder dreihundert Kilometer entfernt wohnen, sie sprechen eine andere Sprache und haben andere Bräuche. Man arbeitet mit Mandanten, aber auch Kollegen aus anderen Kulturen, denn die großen Wirtschaftskanzleien sind mit ihren Büros auf der ganzen Welt international vernetzt oder die Gegenseite oder eine andere Partei, mit der man zu tun hat. Sie stammen möglicherweise alle aus verschiedenen kulturellen Hintergründen. Wenn man das nicht berücksichtigt, entstehen große Probleme.

Simona Fabellini: Worauf müssen Juristen denn besonders achten, wenn sie mit Mandanten oder Kunden aus anderen Kulturen arbeiten?

Jeri Weber: Man muss seine Hausaufgaben machen und sich informieren, woher der Mandant kulturell gesehen herkommt. Aber auch über die Firma, für die er tätig ist, muss man mehr wissen, zum Beispiel in welchem Land diese sitzt. Es ist denkbar, dass man einen Repräsentanten einer Firma zur Seite hat, der den Anwalt zwar mit Informationen versorgt, aber keine grundsätzlichen Entscheidungen treffen kann. Dann muss man den Verhandlungsprozess anders angehen.

Zweitens ist es wichtig, wie man mit den Mandanten und den Kollegen kommuniziert. Dabei spielen natürlich die unterschiedlichen Zeitzonen eine Rolle, aber auch die Arbeitszeiten und die persönliche Einstellung des Einzelnen zu diesen. So ist es in einigen Ländern von Bedeutung, visuell via Videokonferenz zu kommunizieren, das heißt, man muss einander sehen, um eine Vertrauensbasis zu schaffen. In anderen reicht eine E-Mail. Dies muss man im Vorfeld erkunden, um einen Prozess, wie eine Transaktion, erfolgreich zu durchlaufen.

Manchmal muss man in den großen Wirtschaftskanzleien bei wichtigen Fällen mit Kollegen unterschiedlicher Nationen, beispielsweise New York, Tokio oder Frankfurt zusammenarbeiten. Da spielt natürlich die Zeitzone eine wichtige Rolle, aber es muss auch eine Absprache darüber geben, wer welche Aufgaben übernimmt. Es ist effizienter, vorher im Team zu besprechen, wer welche Aufgaben übernimmt. Wenn man das nicht vorher regelt, ist das sehr kostenintensiv.

Simona Fabellini: Wie zeigt es sich, wenn kein interkulturelles Verständnis besteht? Was ist dabei das Problem?

Jeri Weber: Dann entstehen viele Probleme. Erst einmal bleibt das Risiko bestehen, dass man seinen Mandanten nicht gut berät und vertritt. Als Anwalt wird man von einem Mandanten angeheuert und man muss seine Interessen vertreten. Dies kann schwierig werden, wenn man wegen Kommunikationsmängeln und Missverständnissen darüber, wie andere agieren, nicht versteht, was die Interessen sind. Dabei geht es häufig um große Geldsummen und wichtige Sachen, womit hohes Risiko verbunden ist. Als Jurist sollte man kein zusätzliches Risiko in die eigene Arbeit einbauen, wenn man nicht versteht, was der Mandant einem sagen möchte. Es ist auch unheimlich zeitintensiv, sich im Nachhinein darum zu kümmern, wenn man vorher nicht verstanden hat, diese Dinge zu regeln. Es kann sein, dass manche Dinge dennoch glatt laufen. Aber eine Transaktion kann auch scheitern, und zwar nicht etwa, weil zwei Parteien nicht dasselbe Ziel hätten, sondern weil andere Dinge es verhindern, dass sie dieses erreichen, angefangen bei der Fehlkommunikation bis zu fehlendem Verständnis. Das wäre schade, gerade wenn zwei Parteien etwas gemeinsam erreichen wollen.

Simona Fabellini: Was sind die Vorteile für Juristen, wenn sie ihre interkulturelle Kompetenz ausbauen und erweitern?

Jeri Weber: Dann haben sie zunächst einen zufriedenen Mandanten, weil ihm bewusst ist, dass er einen kompetenten Berater hat, der ihn versteht, ohne dass er alles direkt ausdrücken muss, was für Mandanten wichtig ist, wenn sie aus einer Kultur kommen, in der viel unterschwellig abläuft. Er wird immer wieder als Kunde zurückkehren, die Kanzlei hat sein Vertrauen gewonnen. Er wird sie weiterempfehlen und von seinen positiven Erfahrungen berichten, wie beispielsweise die positive internationale Teamarbeit und dass er mit seinem Anliegen verstanden wurde.

Aus Sicht der Kanzlei kann man die Mandanten besser betreuen, wenn man sie versteht, und auch der Zeitaufwand ist geringer. Gerade wenn man nach Pauschalgebühren abrechnet, muss man die eigene Zeit effizient nutzen, denn man wird nicht mehr bezahlt, wenn es doppelt so lange dauert, um zu einem Ergebnis zu kommen. Es läuft einfach alles glatter.

Expat-Coaching

Interview with Micaela Flores-Araoz

Micaela Flores-Araoz is a Peruvian intercultural trainer and coach with a particular focus on expat coaching. Based in Switzerland, Micaela has many years of experience as a travelling partner, which she combines with her qualification as an intercultural trainer to support expats as well as their travelling partners and families. Her work in helping her clients develop coping strategies for expat challenges contributes to the reduction of fluctuation caused by expat assignees returning prematurely, which for a long time has been a significant cost factor for international organisations.

Gary Thomas: Micaela, how did you become an expat trainer and coach?

Micaela Flores-Araoz: Being an expat spouse, I found it difficult to advance my initial career, moving constantly from country to country and having to reinvent myself each time. At the same time, I started to develop a special interest in different cultures and in ways to successfully interact with them. I saw many expat friends struggle to adapt to the expat journey and so I started to give them advice and recommendations on how to cope in their new host country. In time, this then became natural to me that I should use this expertise in helping other expat spouses and expat families with their international journey and that becoming an intercultural trainer and coach was the answer.

Gary Thomas: What are the challenges expats, their spouses and their families can face?

Micaela Flores-Araoz: Expats face multiple challenges when sent abroad. They range from daily difficulties like not finding the right ingredients in the supermarket or getting lost in a new and unfamiliar city to bigger frustrations like struggling to get a solid support network like the one they would have at home (extended families and friends). Expats sometimes face language barriers and anxiety because they don't understand the new culture or the locals' behaviour. Each expat will be impacted differently when arriving at the new destination, but, in one way or in another, all expats and expat families will face substantial challenges when arriving at their new destination. The good news is that there are mechanisms to cope with those challenges.

Gary Thomas: What could the impact of these challenges be?

Micaela Flores-Araoz: If not addressed correctly, these challenges can be detrimental both for the expat family and for the expat assignee. Among other things, they can sometimes cause conflicts within the family, marital problems, depression, or school underperformance by the children. Many expat assignments are cut short because expat employees are frustrated when their spouses and families are unhappy in the host country and are constantly wanting to go back.

Gary Thomas: What are some ways your clients can find to cope with the expat challenge?

Micaela Flores-Araoz: Among other things, I advise expat families and spouses to look for a support group or expat/international network to make the expat journey more pleasant and to feel that they are not alone. I also think it is important to make the new destination your home as much as possible; trying to learn the language, to understand the host culture, to explore the new city/town, to create a routine, or registering in a specific expat cultural training or having one-on-one coaching is also recommendable.

Gary Thomas: What initial advice would you have to a new expat, an expat spouse or family?

Micaela Flores-Araoz: My initial advice to new expats and their families is to try to get familiar with their new destination as fast as possible. That can be done by reading books, looking for information on the Internet and, my favourite option, by contacting an expat that has lived or has experience in the same destination and who can share valuable insights.

Der Intercultural Readiness Check

Interview mit Dr. Ursula Brinkmann

Dr. Ursula Brinkmann ist in Westfalen geboren, lebt jedoch seit vielen Jahren in den Niederlanden, wo sie 1996 zusammen mit Oscar van Weerdenburg die internationale Beratungsfirma *Intercultural Business Improvement (IBI)* gründete. Seither steht sie internationalen Organisationen beratend zur Seite. Als Psychologin und Wissenschaftlerin hat sie wesentlich mitgewirkt an IBI's Entwicklung des Intercultural Readiness Checks (IRC), einem Instrument zur Messung interkultureller Kompetenzen, das regelmäßig in Trainings und Coachings Anwendung findet.

Simona Fabellini: Was ist der IRC und warum ist es für Trainer interessant, ein Instrument zur Erhebung interkultureller Kompetenzen im Portfolio zu haben?

Ursula Brinkmann: Beim IRC geht es um einen Ansatz, bei dem man mit interkulturellen Kompetenzen arbeitet. Das heißt, dass Leute, die interkulturell tätig sind oder mit anderen Leuten oder Gruppen effektiv sein müssen, interkulturelle Kompetenzen für eine erfolgreiche Zusammenarbeit benötigen. Wir – d.h., Oscar van Weerdenburg und ich – haben dafür einen Kompetenzansatz entwickelt, der relativ gut an das anschließt, was sich bereits in den letzten zwanzig, dreißig Jahren in den Unternehmen allgemein entwickelt hat. Man hat sich wegbewegt von der wissensbasierten Einstellungsanalyse, d.h., man fragt nicht mehr danach, was Kandidaten wissen, sondern prüft, welche Kompetenzen vorhanden sind. Diese Kompetenzen geben an, inwieweit jemand auf unerwartete, komplexe, dynamische Situationen konstruktiv reagiert. Den Fokus auf diese interkulturellen Kompetenzen sieht man auch im interkulturellen Beratungsbereich, das heißt, dass es einen starken Trend gibt, der schon viel heißer diskutiert wird als beispielsweise die klassischen Kulturmodelle von Geert Hofstede und Fons Trompenaars oder andere. Es ist gekippt von Kulturmodellen zu Kompetenzmodellen.

Simona Fabellini: Dieses Beherrschen von Kompetenzen wird vom IRC überprüft, aber was genau kann man sich darunter vorstellen?

Ursula Brinkmann: Der *Intercultural Readiness Check* (IRC) ist ein Fragebogen, der so entwickelt und konstruiert ist, dass die Antworten Aufschluss darüber geben, wie eine Person an interkulturelle Situationen herangeht. Es geht um vier Kompetenzen, die den Prozess der interkulturellen Interaktion abbilden. Die erste ist die interkulturelle Sensibilität, bei der es darum geht, inwieweit jemand aktiv an dem interessiert ist, was den kulturellen Aspekt bei einer anderen Person mit ausmacht, also dass man der Tatsache offen gegenübersteht, dass der andere ganz anders ist als man selbst.

Sobald man sich dieser Unterschiede bewusst ist, stellt sich dann die Frage, inwieweit man dies auf die Kommunikationsstrategie und den Stil umsetzen kann, wie gut man zuhört und wie gut man das eigene Kommunikationsverhalten so anpassen kann, dass man immer noch die gleiche Botschaft herüberbringen kann, aber dass diese auch vom Anderen entsprechend verstanden wird. Die dritte Kompetenz ist besonders im Businessbereich von Bedeutung, wenn man gemeinsam Ziele erreichen will und Probleme lösen möchte. Hierbei geht es um den Aufbau von Engagement, wobei das Ziel darin besteht, dass eine Gruppe von Leuten, die alle unterschiedlich sind, auf ein gemeinsames Ziel eingeschworen wird. Dabei wird den Unterschieden und den verschiedenen Perspektiven Rechnung getragen und eine Lösung gefunden, die für alle funktioniert. In diesem multikulturellen Kontext ist die Unsicherheit, ob dies gelingt und ob man dem anderen vertrauen kann, größer als im monokulturellen Setting. Aus diesem Grund ist dann auch die vierte Kompetenz der Umgang mit Unsicherheit.

Simona Fabellini: Wie läuft der IRC konkret ab?

Ursula Brinkmann: Im Vorfeld eines interkulturellen Trainings bekommen die Teilnehmerinnen und Teilnehmer Zugang zum Fragebogen. Das Ausfüllen dauert in der Regel 15 Minuten. IRC-zertifizierte Trainer können dann unmittelbar im Anschluss die individuellen Stärken und Schwächen analysieren und ihr Trainingsprogramm darauf abstimmen, z.B. in dem sie bestimmte Kompetenzen hervorheben. Das Feedback erfolgt schriftlich auf 11 Seiten und wird strikt vertraulich behandelt. Zudem haben wir einen Feedbackprozess entwickelt, der die Teilnehmer dazu einlädt, während einer Stunde an diesem Trainingstag ihre eigenen Ziele zu bestimmen und konkret zu überlegen, welche IRC-Aspekte sie verbessern möchten, um ihre Ziele zu erreichen. Hierdurch machen sie sich mit den zugrundeliegenden Konzepten vertraut und können es dann meistens schon nicht mehr abwarten, ihr schriftliches Feedback zu bekommen.

Simona Fabellini: Wie konntest du damit in der Praxis Projektteams oder internationalen Unternehmen konkret helfen?

Ursula Brinkmann: Ein spezielles Beispiel sind Firmen, die regelmäßig Mitarbeiter ins Ausland entsenden sowie deren Partner. Mit dem IRC können bestimmte Herausforderungen, die auf sie zukommen, durchgesprochen werden und wir können herausarbeiten, wo ihre Stärken liegen und an welchen Entwicklungsstellen und Knackpunkten noch gearbeitet werden muss. Wo müssen sie da noch Strategien entwickeln, die auch im Stress der Entsendung noch funktionieren? Bei Teamarbeit wissen wir, welche Kompetenzen wo wichtig werden. Gerade die Teamleiterin muss über besondere Kompetenzen verfügen und genau wissen, welche der IRC-Kompetenzen wann eine Rolle spielen. Wir zeigen, wie jedes Teammitglied auf bereits vorhandene Stärken aufbauen kann, und warum gerade der Umgang mit Unsicherheit so wichtig ist. Gerade diese Kompetenz hilft in entscheidenden Momenten, die Dynamik in der Gruppe positiv zu halten.

Mit dem IRC kann dem Team Feedback gegeben werden, wie es Konflikte vermeiden und zu kreativen Lösungen kommen kann. Dabei kommt natürlich auch die Diversität ins Spiel. Der IRC hilft dem Team, aus dieser Diversität etwas Positives zu schaffen. Trainer können nach entsprechender Zertifizierung den IRC in ihren eigenen Programmen einsetzen.

Insights Discovery® Personality Profile

Interview with Anna Inama

Anna Inama has many years of experience in a leadership position in a multinational corporation. She now works as a leadership coach with a particular focus on intercultural leadership competence.

A British citizen, Anna now lives in Munich and works with Managers and international teams in Change Processes.

Simona Fabellini: When working in a global Team or an international project why can it be interesting to participate in *Insights Discovery*®?

Anna Inama: *Insights Discovery*® is a fantastic tool that is very effective for both individual leaders and teams. The main benefit for a leader is to increase their self awareness – their unique personality and preferences. Through this raised understanding it allows you to develop and refine your interpersonal skills having a direct impact on your key relationships, improving communication, decreasing conflict and therefore enabling you to be more successful in your role. So, in essence, it's a tool to really help you understand yourself better and what that means for your relationship with others.

Simona Fabellini: What is *Insights*?

Anna Inama: *Insights* is a simple and accessible four-colour model designed to understand our unique preferences. And preference is a really important point behind this. So, I can imagine you can write your name both with your left hand and with your right hand. But you probably have a preference for one hand – it's easier, it takes less energy. The four colours – let me show you here, my little '*Insights* brick': yellow, green, red and blue. We have a preference for some of these colours more than others. They are all in us, but we use some of them more regularly, with less energy, than others. These four colours and the preferences associated with them, are based on extensive research by the Swiss psychologist – whom I'm sure you've heard of – Carl Jung, and the subsequent work of one of his leading students, Jolande Jacobi. So the model, and their work, uses these four colours to represent observable behavioural patterns which we then measure using an evaluator.

Simona Fabellini: How does that work?

Anna Inama: As a participant you receive a link to a very simple online evaluator questionnaire which takes you about 20 minutes to complete. I think it's now available in over fve or six languages so you can do it in your mother tongue. There are 25 questions. Each question is very cleverly worded because it forces you to rank your preferences. So, effectively, you're doing a preference exercise 25 times. At the end of that you will then receive a profile document in Word. Dedepending on which version we're using: I use the most comprehensive one with my business clients, which also provides information around management style and communication style and it's about 25 pages long. You would then receive this report which is confidential, only available to you, about your preferences. Obviously then, the most important part is *what do you do with this*, so it doesn't just become another piece of paper. For me, I think there are four stages to getting maximum use out of the whole exercise. The first one is to understand what goes on behind the observable behavioural patterns, what each of the colours mean. The second is to understand your own report; bringing the words out from the paper, what stands out for you as your signature strengths, what makes you 'you' as an authentic leader in the workplace. I often do this in 1:1 coaching sessions with my clients or we might work through it with peer coaching in larger workshops. The third focus is then working out what that means for you. When you're interacting with your important stake holders or business colleagues. And when doing it with larger groups, the fourth focus is: what does it mean for us as a team, what do we have here as a group of individuals, in terms of similarities, strengths and diversity?

Simona Fabellini: How has *Insights* helped international teams in their daily work?

Anna Inama: Let me share two examples. So, at a headline level, we did a piece of work with *assist* last year, with a large team, and we used *Insights* as the foundation for a two-day

Team Away Day. We had over 25 participants and they were very diverse in their function in this organisation, ranging from some very technical engineers to some very outgoing, creative marketeers. We used *Insights* for each participant to first of all understand what their own leadership was like, what their preferences were, and then what it meant for how they would interact with their opposite preference type, who was probably represented in the room because of the sheer number of participants we had. So, step one was for each participant to understand more about themselves, and then step two was to do some peer coaching, so each participant buddied up with a colleague and worked through sharing and disclosing a bit about themselves from this report and what they were going to do differently once they got back to the office with this new information. The third activity was to look at it from the team perspective, via sharing the group picture together with individual profiles and then linking it back to some real live examples that had happened both the previous day in the team building and also back at the office. For example, specifics on how they make decisions, specifics on their communication style, and then linking those dynamics back to the preferences that we were seeing coming out of the report. They were able to use this to create a manifesto and a list of commitments for how they were going to be a different, more highly performing team when they were back at the office. So that was a one-off two-day event where *Insights* played a big role.

And in contrast with that, I think the other example I'd like to use is where *Insights* is used as part of an ongoing leadership programme within an organisation. What's different here is it helps participants raise their awareness as a leader, at one point in time, with some very clear focus on actions and next steps and then six months later when they come back for the next module of this leadership programme they would then look at how they had committed to this, what have they learned, what have they seen is their dynamic. It's taken off so well in the organisation that *Insights* and the colour preferences are now becoming an organisational language and people are using it and using the behavioural observations in ongoing meetings to explain some of the dynamics that they are seeing at work.

Simona Fabellini: That's very interesting. It sounds like a great tool to understand your own personality, and the others and how to work together.

www.ingramcontent.com/pod-product-compliance
Lightning Source LLC
Chambersburg PA
CBHW031314250726
48656CB00005B/1798